JOVENS E MÚSICAS

UM GUIA BIBLIOGRÁFICO

MARGARETE ARROYO
(ORG.)
THAIS VIEIRA DO NASCIMENTO
THENILLE BRAUN JANZEN
(COLABS.)

JOVENS E MÚSICAS
UM GUIA BIBLIOGRÁFICO

editora
unesp

Direitos de publicação reservados à:
Fundação Editora da UNESP (FEU)

Praça da Sé, 108
01001-900 – São Paulo – SP
Tel.: (0xx11) 3242-7171
Fax: (0xx11) 3242-7172
www.editoraunesp.com.br
www.livrariaunesp.com.br
feu@editora.unesp.br

CIP – BRASIL. CATALOGAÇÃO NA FONTE
SINDICATO NACIONAL DOS EDITORES DE LIVROS, RJ

J77

Jovens e músicas: um guia bibliográfico / Organização: Margarete Arroyo; colaboradores: Thais Vieira do Nascimento, Thenille Braun Janzen. São Paulo: Editora Unesp, 2013.

Recurso digital

Formato: ePDF
Requisitos do sistema: Adobe Acrobat Reader
Modo de acesso: World Wide Web
ISBN 978-85-393-0425-7 (recurso eletrônico)

1. Música e juventude - Aspectos sociais. 2. Música - Aspectos socias. 3. Livros eletrônicos. I. Arroyo, Margarete. II. Nascimento, Thais Vieira do. III. Janzen, Thenille Braun.

13-01464 CDD: 306.4842
CDU: 316.74:78.067.26

Este livro é publicado pelo projeto *Edição de Textos de Docentes e Pós-Graduados da UNESP* – Pró-Reitoria de Pós-Graduação da UNESP (PROPG) / Fundação Editora da UNESP (FEU)

Editora afiliada:

Asociación de Editoriales Universitarias de América Latina y el Caribe

Associação Brasileira de Editoras Universitárias

Sumário

Apresentação 7

1 Jovens e músicas como tema investigativo 13
2 Guia bibliográfico 39

Finalizando 111
Referências bibliográficas 113

Apresentação

Este livro originou-se de uma necessidade de conhecer a produção acadêmica relativa à interação das jovens e dos jovens com as músicas.[1] O interesse pontual recai nos processos de aprendizagem musical empreendidos por esses sujeitos em variados contextos e situações: em suas vivências cotidianas, por meio das mídias tecnológicas, nos contextos escolares, entre outros.

Em 2004[2] iniciei o estudo desse assunto, e o levantamento bibliográfico revelou produção ampla, quer pela

1 Música não só como produto (obras escritas ou não), mas também – e sobretudo – como processo (práticas de produção, circulação e recepção; apreensão, transmissão) (Small, 1998).

2 O interesse inicial por essa temática de estudo respaldou-se em minha atuação como docente em curso de formação de professores de Música. Constituíram fundamental estímulo para meus estudos posteriores no assunto a pesquisa que resultou na convivência com estudantes de uma escola pública rural do município de Uberlândia (MG) (Arroyo, 2005) e as publicações *Bibliografia sobre a juventude*, de Ruth Cardoso e Helena Sampaio (1995), e *Juventude e escolarização* (1980/1998), coordenada por Marília Pontes Sposito (2002). No caso das publicações, a primeira foi inspiradora deste guia bibliográfico; a segunda, minha introdução nos Estudos da Juventude. Quanto aos jovens e suas experiências

quantidade, quer pelos diferentes enfoques e campos de conhecimento que dele se ocuparam. Esses textos dispersos, se reunidos, propiciariam uma visualização mais objetiva do conhecimento gerado sobre a temática. Além disso, um mapeamento dessa expressiva literatura, mesmo que parcial – caso desta publicação –, seria útil. Essas são as finalidades deste guia bibliográfico, composto por 150 títulos nacionais e estrangeiros publicados entre 1996 e 2011.

A curiosidade acadêmica pela interação das juventudes com as músicas aguçou-se a partir de 1960 no cenário internacional. No Brasil, um número crescente de publicações surgiu na década de 1990. Em ambos os casos, várias perspectivas disciplinares, teóricas e metodológicas buscaram, e ainda buscam, compreender facetas dessa interação e, conforme o objeto de estudo, interpretar questões sociológicas, culturais, educacionais, psicológicas, históricas e/ou estéticas. O empenho multidisciplinar fica evidente no quadro a seguir, que traz títulos de alguns dos livros que compõem a presente coletânea, seguidos de seus campos de produção:

Quadro 1

Abalando os anos 90: funk, hip hop, globalização, violência e estilo cultural	(Herschmann, 1997)	Comunicação
Des jeunes et des musiques: rock, rap, techno...	(Green, ed., 1997)	Sociologia da Música
De jóvenes, bandas y tribus	(Feixa, 2006 [1998])	Antropologia da Juventude
Teens Spirits: Music and Identity in Media Education	(Richards, 1998)	Media Education

musicais cotidianas investigadas no contexto da escola rural, seus diversificados gostos musicais, a visível participação da experiência musical em suas autodescobertas afetivas e cognitivas indicaram o campo rico e complexo de suas interações com a música.

Handbuch Jugend und Musik	(Baache, ed., 1998)	Media Studies
Sound Identities: Popular Music and the Cultural Politics of Education	(McCarthy et al., 1999)	Pedagogia Crítica
Rap e educação; Rap é educação	(Andrade, 1999)	Educação
La musica e gli adolescenti: pratiche, gusti, educazione	(Gasperoni; Marcon; Santoro, 2004)	Sociologia
Tribos urbanas: produção artística e identidades	(Pais; Blass, 2004)	Sociologia da Juventude
Music in Youth Culture: a Lacanian Approach	(Jagodzinski, 2005)	Psicoanálise
O funk e o hip hop invadem a cena	(Herschmann, 2005)	Comunicação
A música em cena: o rap e o funk na socialização da juventude	(Dayrell, 2005)	Educação
Hip hop: da rua para a escola	(Souza; Fialho; Araldi, 2005)	Educação Musical
A música e o risco	(Hikiji, 2006)	Antropologia
Music and Youth Culture	(Laughey, 2006)	Media Studies
Jovens na metrópole: etnografias de circuitos de lazer, encontro e sociabilidade	(Magnani; Souza, 2007)	Antropologia

O termo "interação", que articula jovens e músicas, é empregado aqui de acordo com o entendimento da socióloga DeNora (2000, p.16), que propõe uma teorização da "força semiótica da música" com base em dados empíricos relativos à densa "interação humano-música". Essa força estaria no que a música fornece de materialidade sonora aos sujeitos e no investimento, por parte destes, de significados articulados às condições histórico-socioculturais. A música, argumenta DeNora (ibidem, p.20):

> [...] não é meramente um meio "significativo" ou "comunicativo". Ela faz muito mais do que exprimir através de meios não verbais. No nível da vida diária, a música tem poder. Ela implica em muitas dimensões do agenciamento social, [isto é, articula] sentimento, percepção, cognição e consciência, identidade, energia, incorporação [...].

Com base nessa "força semiótica da música", a intenção de organizar este guia bibliográfico respalda-se na convicção de que investigar as práticas[3] musicais dos jovens é relevante à compreensão da sociedade contemporânea, das músicas nela praticadas e criadas e dos próprios jovens que as recriam – sociedade e músicas – conforme novas sensibilidades. A essa necessidade de estudo alinha-se a premência de se compreender a importância da pesquisa sobre música e sobre os processos de aprendizagem presentes nas várias práticas musicais, haja vista a participação dessa linguagem artística na constituição social e cultural dos sujeitos e a centralidade dos processos de aprendizagem na criação e manutenção das próprias práticas musicais (Arroyo, 2009a).

Como está no primeiro capítulo, o estudo das culturas criadas pelos jovens e que foram conceituadas no âmbito acadêmico como *subculturas juvenis*, *tribos urbanas* e *culturas juvenis* trata apenas de uma dimensão da interação dos jovens com as músicas. Com isso ressalto que a temática que permite juntar os títulos nesta coletânea

3 Quando utilizo o termo "práticas musicais" refiro-me ao complexo que envolve "atores sociais, as músicas que produzem e/ou consomem enquanto 'sons ordenados simbolicamente' (Blacking,1992, p.305), as representações sociais que lhes dão sentido, bem como executar, improvisar, compor, ouvir e outras ações musicais" (Arroyo, 1999, p.29). Também são entendidas como "práticas significativas", pois não apenas "comunicam ou expressam significados pré-existentes, mas 'posicionam sujeitos' em um *processo* de semiosis" (Middleton, 1990, p.165, destaque no original).

inclui as culturas musicais herdadas de gerações passadas praticadas e recriadas pelas novas gerações. Além disso, concordo com a crítica de que, em parte dos estudos baseados nas categorias de *subculturas juvenis*, *tribos urbanas* e *culturas juvenis*, a vida dos jovens para além de sua participação nessas expressões mais visíveis fica desconsiderada (família, escola, trabalho, outras práticas musicais) (Laughey, 2006).

O recorte temporal feito no conjunto dos textos que compõem este guia bibliográfico – de 1996 a 2011 – justifica-se em razão de a segunda metade da década de 1990 indicar o incremento do debruçar-se sobre a temática no Brasil.[4] Esse dado foi evidenciado quando da realização de dois levantamentos distintos sobre o assunto: um que se concentrou na produção acadêmico-científica da área da Educação Musical (Janzen, 2007) e outro, nas dissertações e teses brasileiras vinculadas a campos de conhecimento e programas de pós-graduação variados (Janzen; Nascimento; Arroyo, 2008).

Introduzindo esse acervo limitado ao período em questão, e de modo algum completo, está a descrição de uma literatura que visa, por um lado, expressar uma compreensão da trajetória dos estudos dedicados à interação dos jovens com as músicas e, por outro, situar os títulos agrupados. No conjunto, este guia bibliográfico espera colaborar para que a produção no assunto avance, principalmente no campo de conhecimento ao qual me vinculo – Educação Musical –, campo esse que se ocupa de compreender acerca das inúmeras dimensões que constituem a aprendizagem e o ensino de música em contextos diversos. Minha atuação nessa área acadêmica levou-me

---

4 Dados que se alinham com os fornecidos por Marília Sposito (2010), no caso dos Estudos da Juventude efetivados nas áreas da Educação e das Ciências Sociais.

ao desejo de entender com mais substância as maneiras e os motivos daquela interação que se revela tão significativa no cotidiano das juventudes contemporâneas. A literatura aqui reunida colaborou com esse intento.

Assim, motivada em compreender a interação das/dos jovens com processos e produtos musicais, e, mais especificamente, seus processos de aprendizagem musical, é que esse guia foi empreendido. Apesar desse enfoque particular, espero que o material aqui reunido possa ser proveitoso a outros campos acadêmicos e recortes de estudo.

O Capítulo 2 traz o guia bibliográfico composto por artigos, livros, capítulos de livros, dissertações e teses, cada qual seguido de breve resumo. Esses dois últimos conjuntos comportam apenas a produção nacional; todos os outros contemplam literatura nacional e internacional. No caso dos trabalhos de pós-graduação, o levantamento foi realizado, em sua maior parte, por duas bolsistas de Iniciação Científica sob minha orientação, a saber, Thais Vieira do Nascimento e Thenille Braun Janzen, portanto, colaboradoras nesta publicação.[5] Os resumos por elas redigidos foram revistos por mim para inserção no presente volume. As dissertações e teses remanescentes e os demais títulos foram localizados por mim, que também redigi os respectivos resumos, bem como o Capítulo 1 e trechos introdutórios do Capítulo 2.

5 Bolsistas de Iniciação Científica com recursos do CNPq entre 2005 e 2007 (Janzen) e 2008 e 2009 (Nascimento).

1
JOVENS E MÚSICAS COMO TEMA INVESTIGATIVO[1]

> *[De um jovem ao pesquisador:] Por que nos roubam tempo para falar de um aspecto lúdico de nossas vidas [música] quando há assuntos mais preocupantes em nossa sociedade? [Reflete o pesquisador:] Evidentemente, o grande poder da música como agente enculturador e ideologizante funda-se, em grande parte, em não se saber ver nela mais do que um mero entretenimento.*
>
> *(Martí, 1999, p.50)*

As práticas musicais participam ativamente das constituições juvenis ao mesmo tempo em que novas estéticas musicais são criadas a partir das ações dos jovens. Na observação de Feixa (2006, p.122), antropólogo da juventude, "a emergência das culturas juvenis está estreitamente associada ao nascimento do *rock & roll*, a primeira grande música geracional". Ao rock seguiram-se inúmeras outras novas práticas musicais, empreendidas por jovens em

1 Este capítulo comporta parte de duas publicações: Arroyo, 2009a e 2010.

velocidade que é ressaltada no texto de criação do *blog Observatorio de Prácticas Musicales Emergentes* (Gene; López Cano, 2009):

> Como a realidade avança muito mais rápido que o discurso de seus estudiosos, propomos o Observatorio de Prácticas Musicales Emergentes *[... que] espera chamar atenção sobre práticas para as quais ainda não há instrumentos de análise ou discursos explicativos, ou no caso de existirem, esses não circulam com facilidade em nossa comunidade. Pretende-se propiciar o diálogo entre especialistas que colaboram em relacionar essas práticas dispersas pela rede (ou outros espaços), assim como a reflexão, a construção de perguntas investigativas e, a médio prazo, a formulação de projetos.*[2]

Mas qual a relevância de se dedicar ao estudo da interação das jovens e dos jovens com as músicas? O esclarecimento de tal questão passa por tecer alguns parágrafos a respeito da relevância da pesquisa sobre música, sobre jovens e sobre juventudes como categorias socioantropológicas.

Perspectiva sociocultural da música

Na segunda metade do século XX, estudos etnomusicológicos e sociomusicológicos evidenciaram a relevância das práticas musicais para a constituição dos sujeitos, das sociedades e das culturas.[3] Contudo, a representação das artes – a exemplo da música – como

2 A tradução dos textos em língua estrangeira é de responsabilidade de Margarete Arroyo.

3 Algumas referências seriam: Blacking, 1973; Shepherd; Wicke, 1997; Turino, 2008.

algo secundário na sociedade pós-industrial ainda é corrente no meio acadêmico-científico e no senso comum. A antropóloga Ruth Finnegan (2002) avalia essas representações, que permearam suas pesquisas, e a ela recorro por entender que aponta para considerações úteis aos estudos sobre jovens e músicas. Finnegan defende que "o estudo das atividades musicais, longe de ser um objetivo periférico e especializado, resulta analiticamente central" à compreensão das sociedades; e questiona: "Por que estudar música" ou "que *insights* podemos extrair do estudo da música que sejam relevantes para problemas antropológicos contemporâneos?" (ibidem, p.4, 9). Para a antropóloga,

> As atividades musicais não são em absoluto um elemento "deslocado" na sociedade contemporânea [...] nem "impróprio" para os dias atuais. Também não se deveria tratar dos modos menos familiares e mais inovadores de organização das atividades musicais e da definição do musical como se fossem formas meramente deterioradas ou aproximações falidas da "verdadeira" música. Longe disso, dispor de alguma forma de compromisso musical estruturado através de uma grande variedade de padrões distintos é uma característica comum à vida de grande parte das pessoas de nossa e de outras culturas, tanto urbanas quanto rurais. O estudo desses padrões é tarefa da investigação antropológica. (ibidem, p.14)

No dizer de Finnegan, interessa estudar:

> [...] os papéis sociais da música; as práticas musicais (quem toca, quem compõe, quem executa e como); como músicos e não músicos, estilos musicais ou grupo musicais são percebidos localmente; em que medida existe um vocabulário estético especializado; as ideologias e práticas locais em

torno da música; como se incorpora a música nos demais aspectos da vida.

No caso da interação de jovens com as músicas, subtemáticas variadas são investigadas, tais como: jovens, músicas e urbanidade; processos de autoformação; construções identitárias; autoaprendizagem musical.

Outra reflexão de Finnegan cabe ao investimento na pesquisa do campo temático deste guia bibliográfico:

> [...] em algumas culturas a música proporciona, de algum modo, a principal dimensão na qual formular o universo e experimentar a "realidade": por assim dizer, uma "epistemologia musical" em vez de linguística. Se assim for, teríamos que considerar seriamente a possibilidade de a música, longe de ser secundária, ser em certos casos colocada em primeiro plano. Mais que elemento meramente iluminador na cultura, constituiria uma dimensão central para a compreensão de um grupo cultural particular. (ibidem, p.16)

No caso dos textos reunidos aqui, tal grupo cultural é o do jovem. Mais precisamente, e de acordo com os estudos sobre a juventude, lidar com as categorias jovens e juventude implica considerar a diversidade de ser jovem e os vários modos de viver a juventude. Se a música é parceira de destaque nessa fase da vida, então convém saber como ela participa das inúmeras possibilidades de ser jovem e de viver a juventude nas sociedades contemporâneas. Assim, como as práticas musicais das/dos jovens podem ajudar a compreendê-los? E compreendê-los ajudaria a entender os rumos das práticas e dos produtos musicais deste início de terceiro milênio, bem como as novas inteligibilidades que as juventudes estariam forjando?

Jovens e juventudes: categorias sociológicas

> *Não há nada mais fascinante e, ao mesmo tempo, assustador do que os jovens. Atraem e amedrontam, pois quando queremos compreendê-los/explicá-los, estão sempre em outro lugar. Seduzem pela magia de serem inapreensíveis.*
>
> *(Rincón, 2009, p.241)*

O livro *Adolescence: its Psychology, and its Relations to Physiology, Anthropology, Sociology, Sex, Crime, Religion and Education*, de G. Stanley Hall, cuja primeira edição é de 1904, foi "o primeiro compêndio acadêmico sobre a fase da vida entre a infância e idade adulta" (Feixa, 2006, p.26). Desde então, estudiosos compuseram diferentes visões desse período.

As dificuldades em se demarcar esse ciclo da vida e os sujeitos que o vivenciam resulta em uma terminologia polissêmica – adolescência; juventude; adolescentes; jovens. Contudo, entende-se que essas categorias são construções histórico-socioculturais. Em geral, os estudos socioantropológicos trabalham mais com a categoria juventude. Embora Novaes (2007, p.99) afirme ser "lugar comum" tomar esse conceito como construção histórico-sociocultural, isso não invalida a observação de Mauger de que tal categoria é imprecisa epistemologicamente (apud Sposito, 2002, p.7). Sua definição desafia os pesquisadores que têm abordado esse assunto (Urresti, 2000; Freitas, 2005). Compreende-se a necessidade de "descronologização, ou seja, a dissolução das referências cronológicas para a definição desse ciclo de vida" (Corti; Souza, 2004, p.19), mas também o reconhecimento de que nesse período pode haver diferentes momentos (Abramo, 2008, p.46).[4]

4 No âmbito desta publicação utilizo os termos "jovem(ns)" e "juventude(s)"." Adolescentes" e "adolescência" aparecerão de acordo com as citações bibliográficas.

Feitas essas ponderações, volto-me àquelas categorias à luz de Feixa (2006), pois o autor as trata de modo denso e instigante para os estudos sobre jovens e músicas.

Munido de uma perspectiva antropológica para conceituar juventude, Feixa discorre sobre "cinco grandes modelos de juventude",[5] conforme sociedades distintas: 1) juventude nas sociedades tradicionais;[6] 2) juventude na Europa medieval e na moderna; 3) juventude na sociedade industrial; 4) juventude na sociedade pós-industrial; e 5) juventude na era digital. Toma-os como "marcos geracionais mais amplos" (ibidem, p.109), que, a despeito das particularidades socioculturais, demarcam sentidos compartilhados por uma determinada geração.

No recorte temporal da literatura reunida no próximo capítulo, concentro a atenção nos dois últimos "modelos", juventude nas sociedades pós-industrial e digital, posto contribuírem para situar tal produção acadêmica sobre jovens e músicas.

Juventude na sociedade pós-industrial

Se a adolescência foi descoberta em fins do século XIX e se democratizou na primeira metade do XX, a segunda metade do século presenciou a irrupção da juventude, já não como sujeito passivo, mas sim como ator protagonista na cena pública.

(Feixa, 2006, p.51)

---

5 "Não se trata de modelos unívocos, mas de 'tipos ideais' que servem para ordenar a heterogeneidade dos dados etnográficos e históricos. Em cada caso devem combinar-se outras estratificações (como as geográficas, históricas, étnicas, sociais e de gênero)" (Feixa, 2006, p.28).

6 Feixa usa o termo "primitivas": "[...] a juventude nas sociedades primitivas".

Segundo Feixa (2006), a Segunda Guerra Mundial marcou a sociedade e a juventude que a sucederam em aspectos como a transição da sociedade rural para urbana, os novos modos de produção econômica, o desenvolvimento dos meios de comunicação massiva e o aumento do período de escolarização.

Nesse contexto, na década de 1950, alguns tipos de juventude são identificados: despolitizada, consumista, rebeldes sem causa e outras. *Teddy boys*, *rockers*, *beatniks* e *hippies* são alguns dos "rótulos" que "[...] refletiam uma série de mudanças que se amplificaram nos países ocidentais ao longo dos anos sessenta, e que haveriam de modificar profundamente as condições sociais e as imagens culturais dos jovens" (Hall; Jefferson, apud Feixa, p.52). Entre essas mudanças, Feixa (2006, p.52-4) ressalta o surgimento do "Estado de bem-estar", política que beneficiou os jovens com educação, tempo livre e serviços, consolidando "as bases sociais da juventude"; a "crise da autoridade patriarcal", conduzindo à ampliação da liberdade juvenil; o " nascimento do *teenage market*", produtos de consumo dirigidos especificamente aos jovens, tais como "moda, adornos, locais de ócio, música, revistas etc."; a "emergência dos meios de comunicação de massa", que possibilitou o advento de uma "cultura juvenil internacional-popular, articuladora de uma linguagem universal através das mídias de massa, rádio, disco e cinema, o que fazia com que os jovens começassem a se identificar mais com seus contemporâneos que com os membros de sua classe ou etnia"; e a "modernização dos usos e costumes" na moral e na sexualidade.

Com a ocupação do cenário público pelos jovens, na década de 1960 e no início do decênio posterior, estudiosos intensificam seus estudos sobre essa "nova classe social" na qual os filhos substituem os pais "[...] como depositários da tradição cultural" (ibidem, p.54). Na imagem da juventude da década seguinte – 1980 – observa-se:

> [...] o conformismo social, a desmobilização política e o puritanismo. As drogodependências e as novas formas de violência juvenil formariam a ponta de um iceberg [...] Se tratava de mudanças que afetavam, fundamentalmente, o final da juventude cujas fronteiras eram cada vez menos claras: o alargamento da dependência familiar, a ampliação das formas de coabitação prévias ao matrimônio, os longos e descontínuos processos de inserção social [...] são fatores que marcam um postergamento da juventude. (ibidem, p.55)[7]

Em texto de 1981, quando considerável literatura já havia sido produzida sobre jovens, com destaque para o campo dos Estudos Culturais, Keniston (ibidem, p.54) reflete:

> Somos testemunhos atualmente do surgimento massivo de um período da vida não reconhecido anteriormente: uma etapa que surge entre a adolescência e a vida adulta. Proponho chamar a esta etapa de vida de período juventude, atribuindo a esse termo [...] um significado específico. Como a "adolescência" de [G. Stanley] Hall, a "juventude" em nenhum sentido é nova: na realidade, uma vez definido esse período da vida, podemos estudar sua aparição histórica localizando os indivíduos e grupos que tiveram "uma juventude" no passado. Mas o que é "novo" é que esta etapa comporta não uma minoria de jovens, raramente criativos ou com perturbações, mas milhões de jovens.

7 Getúlio Ribeiro (2007) critica essa visão da geração de jovens dos anos 1980 em dissertação que compõe este guia bibliográfico.

O termo "geração X"[8] reporta-se aos jovens da década de 1990, caracterizados pela influência de tecnologias de comunicação, tais como vídeo, fax, telefonia digital, informática e internet. Sobre isso, afirma Feixa (2006, p.56):

> Alguns autores mantêm que está surgindo uma "cultura juvenil pós-moderna" que já não é resultado da ação de jovens marginais, mas do impacto dos modernos meios de comunicação em um capitalismo cada vez mais transnacional [...] Mesmo que instituições como a família, a escola e o trabalho continuem sendo importantes no processo socializador, cada vez mais os *mass media* exercem um papel primário como mediadores em cada uma dessas instituições. As percepções e experiências reais dos adolescentes nessas instâncias estão modeladas em maior ou menor medida por sua experiência cotidiana com tecnologias da informação.

Juventude na era digital

Feixa parte da "geração da rede" – tratada por Don Tapscott em livro de 1998 – para denominar "geração @" os jovens que inauguram o século XXI. Se a última geração do século XX é "a primeira que chegará à maioridade na era digital", a que inaugura o presente século se distingue pelo "acesso universal [...] às novas tecnologias da informação e da comunicação", pela "erosão das fronteiras tradicionais entre os gêneros e os sexos" e pelo "processo de globalização cultural que conduz necessariamente a novas formas de exclusão social em escala planetária". No primeiro caso, destaca-se "o impacto cultural das

8 Termo popularizado pelo escritor Douglas Coupland; refere-se "[...] a uma geração marcada pelas incertezas e paradoxos da sociedade pós-moderna" (Feixa, 2006, p.57).

novas tecnologias: desde muito pequenos, esses jovens estão rodeados pelos instrumentos eletrônicos [...] que têm configurado suas visões da vida e do mundo"; no segundo, "a metamorfose do ciclo de vida que (ao menos no ocidente) está modificando profundamente a natureza, a duração, a imagem cultural e o papel social" da juventude (ibidem, p.58-9). Todavia, essas características geracionais são adensadas e particularizadas pelas diversas condições de vida juvenil nos contextos da sociedade contemporânea.

Um questionamento de Feixa encerra esse panorama das juventudes desde a década de 1950, qual seja: estaríamos vendo o fim da juventude? Essa indagação nos faz pensar no alargamento da fase da juventude com a "juvenilização" da cultura ocidental, isto é, a " juventude associada a valores e estilos de vida, e não propriamente a um grupo etário" (Souza, 2003, p.46). Com efeito, o que foi tido como cultura juvenil décadas atrás hoje transversaliza gerações – vejam-se roqueiros rumando aos 70 anos de idade ou *rappers* e DJs que passaram dos 30. Nas palavras de Feixa (2006, p.56):

> É que esse invento de um século – um período juvenil dedicado à formação e ao ócio – começa a não ter sentido quando os ritos de passagem são substituídos por ritos de impasse, as etapas de transição se convertem em etapas intransitivas, quando os jovens seguem na casa de seus pais passados os 30 anos, se incorporam ao trabalho em ritmos descontínuos, estão obrigados a reciclarem-se toda a vida, atrasam a idade da fecundidade, e inventam novas culturas juvenis que começam a ser transgeracionais. Assistimos, talvez, ao fim da juventude?

Jovens e músicas

A maior parte dos estudos que tratam da interação de jovens com as músicas, produzidos desde os anos 1970, aborda especificamente a chamada música popular consumida e produzida por jovens urbanos que vivem nas grandes cidades ocidentais ou fortemente influenciadas pela cultura norte-americana e europeia. Tendo em vista esse aspecto da produção bibliográfica no assunto deste livro, o que segue sobre jovens e músicas baseia-se principalmente no mundo da "música popular", essa que se firma nos centros urbanos de fins do século XIX e que ganha paulatinamente alcance mundial com as novas mídias e indústria cultural já nas primeiras décadas do século XX – fonógrafo e indústria fonográfica, rádio, cinema, televisão – e, principalmente, após a Segunda Guerra Mundial.

A juventude, conforme a entendemos hoje – uma classe de idade que vive entre a infância e a adultez, com lugar social e cultural próprio –, constitui-se, desse modo, simultaneamente, na sociedade ocidental, ao nascimento e à propagação dessa música popular. Essa trajetória da cultura da música popular muito vinculada às mídias e tecnologias eletrônicas encontra-se, em fins do século XX e início do XXI, em intenso processo de mudança – processo também presente em outras culturas musicais – frente às tecnologias digitais e à rede de comunicação virtual. Os jovens estão forjando e vivendo modos inéditos de produção, veiculação e recepção de música, propiciados por esses novos dispositivos de comunicação e informação. Esta seção busca situar alguns detalhes da interação entre jovens e música nesse quadro sucintamente descrito anteriormente.

A música popular e as juventudes forjando-se

> *O* rock *é uma prática cultural crucial e a análise sociológica é necessária para compreendê-la.*
> *(Frith, 1981, p.4)*

No estudo que empreendeu sobre o rock, Simon Frith voltou-se para o impacto econômico da indústria fonográfica entre as décadas de 1950 e 1980 buscando justificar a relevância sociológica dessa cultura musical para o meio acadêmico. Especificamente sobre o mercado de discos, comenta:

> O público que compra discos é heterogêneo, oriundo de condições sociais variáveis. Isso me conduz à peculiaridade central das gravações como um meio: embora o interesse *pop* não seja exclusivo a algum país ou classe, a algum cenário cultural ou educacional particular, ele parece estar conectado especificamente à idade – há uma relação especial entre *pop music* e juventude. [...] E é com referência à juventude que temos que examinar as questões de manipulação e seu significado: a sociologia do rock é inseparável da sociologia da juventude. (Frith, 1981, p.7, 9)[9]

O sociólogo britânico reconhece que antes do rock'n'roll os jovens tiveram seus ídolos – estrelas de cinema, cantores como Frank Sinatra.

---

9 Segundo Frith (1981, p.9-10), "a sociologia do rock na Grã-Bretanha justifica-se mais em termos das culturas juvenis do que em termos da cultura de massa". Informa que algumas "teorias do rock emergiram de estudos da juventude" produzidos por britânicos, fato que "reflete um aspecto cultural: a música está integrada às culturas juvenis na Grã-Bretanha de um modo que não ocorre na América (o *punk* é somente mais um exemplo recente deste uso da música como um sinal subcultural). A história das audiências *pop* britânicas é sempre uma história dos estudos juvenis britânicos".

> Pelos anos 1930 era lugar comum jornalisticamente mencionar acerca da "independência" dos jovens, e o jazz, como uma *dance music*, era considerado como de especial apelo à juventude. Mas nem o jazz nem outra forma de *pop* eram considerados como *expressão* de uma cultura jovem.[...] Eram músicas feita por adultos e havia adultos também nos clubes de dança e jazz [...]; nas famílias da classe trabalhadora, os rádios e os fonógrafos eram ainda bens da família. O jovem adotava estilos de consumo e de música. Mas ainda não era a sua música. (ibidem, p.203)

Em a *Criação da juventude*, o jornalista britânico Jon Savage (2009) apresenta relatos da constituição da ideia de juventude na sociedade ocidental moderna já na segunda metade do século XIX. Indício de que os sujeitos entre a infância e a idade adulta passam a ter direitos e existências próprios, essa constituição se articula com a cultura de massa emergente, com o cinema e com a indústria musical.

> Em 1898, o ragtime explodiu como uma loucura nacional [...] Um instantâneo de 1903 mostra Joplin tocando ao vivo numa festa de brancos, onde a multidão jovem "simplesmente adorou e, quando acabou... queriam saber o seu nome para poder dar um baile e convidá-lo para tocar". (ibidem, p.73)

> Mas

> a novidade do *rock'n'roll* está nos seus *performers* que tinham a mesma idade de sua audiência, vinham de um meio semelhante, tinham interesses similares [...] As gravações e shows de rock no rádio eram dirigidos exclusivamente aos jovens [...] e no final da década de 1950 a maior parte das gravações *pop* eram compradas por jovens. (Frith, 1981, p.203)

A importância da música para os jovens

A importância da música na vida dos jovens tornou-se um pressuposto de pesquisa sobre os jovens.

(Frith, 1981, p.204).

Estudos sobre a interação de jovens e músicas realizados em diferentes contextos e décadas ao longo do século XX e início do XXI indicam a importância da música na vida dos jovens. Um grande levantamento sobre adolescentes americanos realizado no início da década de 1960 revelou que "a música era sua forma mais popular de entretenimento e que o *rock'n'roll* era sua música preferida" (ibidem, p.204). Outra apuração, agora entre jovens britânicos, realizada nos anos 1970 mostrou que "a música é de muitas maneiras a atividade central da cultura juvenil britânica a partir da qual muitas outras atividades ocorrem" (ibidem, 204). Com os Beatles, essa centralidade foi constatada também em outros países, incluindo os do leste europeu. Nas décadas seguintes, investigações continuaram confirmando essa centralidade da música entre os jovens, algumas delas incluídas na literatura listada no próximo capítulo (Green; Anne-Marie, 1987, 1997; Rabaioli, 2002; Gasperoni; Marcon; Santoro, 2004).

Em *Youth Leisure, and the Politics of Rock'n'Roll* (1981), Simon Frith circunscreveu sua pesquisa aos jovens britânicos e não se limitou apenas em averiguar a centralidade da música na vida daqueles jovens ou partir desse pressuposto, como será exposto a seguir.

Nessa época, Frith dizia-se trabalhando sobre o óbvio no que se referia a apontar a relevância da música na fase da juventude. Entretanto, para o sociólogo britânico, isso era necessário, "porque se o interesse dos jovens pela música era tomado como certo, as questões primordiais sobre esse interesse não tinham sido feitas" (Frith, 1981, p.204).

É então que Frith pergunta: "O que a música significa para o jovem? Por que tornar-se adulto é uma experiência musical? Como o *rock* afeta e articula isso?" (ibidem, p.204).

Esse continuou um assunto de interesse em outros campos de estudo, por exemplo, na psicologia social da música. Os britânicos North, Hargreaves e O'Neil, (2000, p.269) realizaram várias investigações que indicaram que "a música é de importância central na vida da maior parte dos jovens, cumprindo necessidades sociais, emocionais e cognitivas".

Jovens e músicas (todas)

Se as culturas musicais juvenis como o rock, o punk, o rap, entre outras, traduzem-se como práticas de desvios, contracultura e/ou resistências ainda nesses primeiros anos do século XXI, é certo que, além dessas culturas musicais, milhões de jovens vinculam-se também a outras, que participam de diversificados sentidos de ser e viver. Um exemplo está na expressiva presença juvenil em movimentos religiosos nos quais a música é uma porta de "conversão" significativa. Talvez uma expressão forte desses "novos tempos" que mereça compreensão seja a notícia dada por um então jovem nos anos 1950 que fala de seus filhos, jovens nessa primeira década do século XXI:

> Caetano [Veloso] tem três filhos [... Os dois mais novos] são evangélicos e frequentam a igreja Universal do Reino de Deus. Sobre um tropicalista gerar filhos evangélicos, Caetano diz: "Minha geração teve que romper com a religiosidade imposta, a deles teve que recuperar a religiosidade perdida". (Kachai; Voltolini, 2011, p.42)

Outros contextos têm merecido igual atenção: projetos sociais que promovem a inserção de jovens no universo da música de concerto (Arantes, 2011); jovens que, mesmo renovando, participam na manutenção de tradições da cultura popular, como é o caso no Brasil do Congado (Arroyo, 1999).

É nessa diversidade de culturas musicais que entendo pertinente o estudo voltado para as interações de jovens com as músicas. Entretanto, o fato de as culturas musicais dos jovens como contraposição e resistência ao já estabelecido terem sido privilegiadas nas investigações desde a década de 1950, constitui-se em rica literatura que será revisada a seguir.

Percursos investigativos: subculturas juvenis, tribos urbanas, culturas juvenis, circuitos de jovens

A literatura resultante dos estudos dedicados à interação de jovens e músicas é ampla, conforme já mencionado. Posta a necessidade de delimitação, priorizei abordar nesta seção a produção que se fundamenta nas seguintes categorias analíticas: *subculturas juvenis, tribos urbanas, culturas juvenis* e *circuitos de jovens.* Tal opção justifica-se por esses conceitos constituírem marco teórico recorrente no trato da interação entre jovens e músicas e originarem estudos seminais. A bibliografia que comporta essas categorias não se limita a práticas musicais juvenis, mas estas merecem destaque, porque a investigação centrada na interação de jovens com as músicas contribuiu, entre outras, para a construção do campo dos Estudos Culturais com obras de referência.[10]

10 Entre elas está: HEBDIGE, D. *Subculture:* the Meaning of Style. Londres: Routledge, 1979.

Esta seção objetiva apresentar uma perspectiva dos percursos investigativos na temática centrada na interação de jovens com as músicas, tendo por base a discussão daquelas categorias analíticas levada a cabo por cinco estudiosos: Carles Feixa, antropólogo catalão; José Machado Pais, sociólogo português; José Guilherme Magnani, antropólogo brasileiro; Martha Marín e Germán Muñoz, pesquisadores colombianos do campo da Comunicação Social. Também almeja indicar que essa temática abarca mais que "músicas geracionais", se seguimos Feixa (2006) ou "culturas musicais dos jovens", se concordarmos com Laughey (2006, p.1). Nesse sentido, *circuitos de jovens*, conceito proposto por Magnani (1997), entra em cena. *Subculturas juvenis*, *tribos urbanas* e *culturas juvenis* tendem a enfatizar o estudo das "culturas musicais dos jovens" analisadas a partir dos conceitos de desvio, resistência, identidades, lazer, ócio, criação. *Circuitos de jovens* inclui a interação desses sujeitos com as músicas das gerações passadas. Essa categoria e o entendimento de Pais (1993) sobre culturas juvenis parecem-me mais propícios a abarcar o recorte amplo que a interação de jovens com as músicas deve alcançar, conforme entendo.

A seguir contextualizo brevemente cada categoria analítica e sintetizo as críticas desses pesquisadores a cada uma delas, cujos sentidos são clarificados por meio de pequenas cenas descritas.

Subculturas juvenis

Terreno destacado entre estudiosos do Centro de Estudos de Cultura Contemporânea[11] na Inglaterra da década de 1970, subculturas juvenis indica grupos de jovens cujas

11 Ligado à Universidade de Birmingham e "[...] referência obrigatória dos atuais *Cultural Studies*" (Magnani, 2007, p.18).

culturas foram interpretadas como resistência e desvio da cultura hegemônica: *mods, skinheads, punks*...

> CENA...
>
> Foi durante este estranho verão apocalíptico [verão britânico de 1976, excepcionalmente quente e seco] que o *punk* fez sua sensacional estreia na imprensa musical. [...] Uma aliança de diversas e superficialmente incompatíveis tradições musicais, misteriosamente realizadas no punk, encontrou ratificação no igualmente eclético estilo de vestimenta que reproduziu o mesmo tipo de cacofonia no nível visual. (Hebdige, 1979, p.25-6)

Segundo Feixa (2006, p.89, aspas no original), o modelo de análise das subculturas juvenis nesse contexto de estudos adota como central o conceito de hegemonia em Gramsci: "[...] subculturas são vistas como rituais de contestação 'representados' por jovens no 'teatro da hegemonia', que põem em crise o mito do consenso: sua emergência está vinculada aos períodos históricos em que se manifesta uma crise da hegemonia cultural". Mesmo com a produção significativa interpretada nessa categoria de análise, seus limites foram apontados: "[...] mais centrado no desvio que no convencional; mais nos adolescentes da classe operária que nos seus contemporâneos de classe média e, o mais crucial, mais nos rapazes que nas moças" (Murdock; McCron, apud Feixa, 2006, p.92).

O caráter de desvio nesse conceito é alvo da crítica de Marín e Muñoz (2002, p.289). Para esses autores, o problema de abordar as culturas dos jovens como desvio está na "marca moralista" lançada sobre elas.

> Seguindo por esta via e recordando o mal-estar que nos produzem os eufemismos e a assepsia do discurso sobre os jovens – [hoje] já não desviados mas que têm em suas mãos

a esperança do futuro –, pensamos que o problema com os enfoques desviacionistas não está em ter faltado com a verdade, mas sim de ter posto uma marca moralista.

E tal marca é problemática, porque as pesquisas sobre os jovens se voltam a "formulações políticas" que mostram sujeitos "estigmatizados" (ibidem, p.290).

Tribos urbanas

Categoria usada como metáfora, o termo tribos urbanas ganhou repercussão com o livro *O tempo das tribos*, de Michel Maffesolli, publicado em 1987. Passou a ser usado largamente pela mídia, o que lhe desgastou o sentido. Se os estudos baseados no conceito de subculturas juvenis tendem a enfatizar o desvio das culturas dos jovens, os fundamentados no conceito de tribos destacam as identidades.

> CENA...
>
> Como virou moda, até os "riquinhos", os "guajás" quando tem show do mangueBit adotam o visual mangue, mais simplesinho. Até confundem com os mangueboys... E os mangueboys com os "guajás". Mas a gente sabe quem é quem... Até pelo jeito de falar e andar... (Z., sexo masculino, 26 anos, estudante de música, toca profissionalmente em uma banda) [...] Os códigos que marcam o pertencimento ao grupo de mangueboys e manguegirls são acompanhados pela adoção massiva por parte desses jovens a termos e expressões próprios que [...] define[m] de maneira extremamente perspicaz, irônica e quase acusatória, o "outro" – os "guajás", aqueles privilegiados socialmente que recusam um contato. (Araújo, 2004, p.120-1)

Magnani (2007, p.17) critica essa categoria em razão de seu uso mais metafórico que conceitual para análise, o que "não quer dizer que não se possa empregar esse termo com algum proveito, mas é necessário estar atento para as limitações e particularidades inerentes a essa forma de utilização".

Pais (2004, p.9) usa a categoria tribos urbanas, mas recomenda cuidado ao se empregá-la, uma vez que os sentidos desse termo no senso comum e nos meios de comunicação massiva funcionam como rótulos que revelam não o "[...] 'outro' mas, sobretudo, [o] modo como o 'outro' é olhado, percebido, categorizado, construído, estigmatizado". Isso porque:

> Os jovens são o que são, mas também são (sem que o sejam) o que deles se pensa, os mitos que sobre eles se criam. Esses mitos não refletem a realidade, embora a ajudem a criar. O importante é não nos deixarmos contagiar por equívocos conceptuais que confundem a realidade com as representações que dela surgem. (ibidem, p.11)

Mesmo que critique tal categoria, Pais recorre a ela porque:

> O que a metáfora da tribo sugere é a emergência de novas formações sociais que decorrem de algum tipo de reagrupamento entre quem, não obstante as suas diferenças, procura uma proximidade com outros que, de alguma forma, lhe são semelhantes de acordo com o princípio "qui se ressemble s'assembles". É, pois, em forma de sociabilidade que devemos pensar quando falamos de tribos urbanas, sociabilidades que se orientam por normas autorreferenciais de natureza estética e ética e que assentam na produção de vínculos identitários. (ibidem, p.18)

Culturas juvenis

Feixa (2006, p.105) prefere *culturas juvenis* à *subcultura*, para se "[...] esquivar dos usos desviacionistas predominantes nesse segundo termo". Ao conceito de culturas juvenis se refere como "[...] a maneira nas quais as experiências sociais dos jovens são expressas coletivamente mediante a construção de estilos de vida distintos, localizados fundamentalmente no tempo livre, nos espaços intersticiais da vida institucional".

Mais sobre esse conceito fica esclarecido na contraposição a "subculturas juvenis": "esta mudança terminológica implica também uma mudança na 'maneira de ver' o problema, que transfere a ênfase da marginalização para a identidade, das aparências às estratégias, do espetacular à vida cotidiana, da delinquência ao ócio, das imagens aos atores". Em sentido mais restrito, segundo Feixa (ibidem, 106, 205), as culturas juvenis definem o surgimento de "[...] 'microssociedades juvenis'", com graus relevantes de autonomia relativamente às "instituições adultas".

> CENA...
>
> Ao logo dos anos 90, o "segundo nascimento da *techno*" tem como cenário dois tipos de espaços: por um lado os *clubs*, locais comerciais e de ócio, legais e estáveis, evolução das disco dos anos 70 [...], com uma estética industrial e cibernética; por outro lado, as *raves*, festas mais ou menos espontâneas, geralmente clandestinas e sem localização fixa, que têm lugar em espaços desocupados, na periferia urbana ou ao ar livre. (ibidem, p.68)

Pais constrói a ideia de culturas juvenis com base nas vivências cotidianas dos jovens. Eis o que diz esse sociólogo português:

> De facto, perspectivadas as culturas juvenis a partir das vivências quotidianizadas dos jovens, chegaremos possivelmente a um achado interessante: a apregoada "anomia" ou "resistência" [...] que seria apanágio das culturas juvenis pode ser apenas uma característica do processo complexo em que os jovens se envolvem nas suas trajectórias para a vida adulta. [...] Por outras palavras, se nas culturas juvenis é possível encontrar aspectos de manifesta "resistência", também há aspectos ou elementos derivados ou incorporados de outras expressões culturais, como as que são mais especificamente das gerações mais velhas, e ainda aspectos que derivam da capacidade que os jovens têm de produzir as suas próprias expressões culturais. (Pais, 1993, p.117)

Esse entendimento de culturas juvenis é mais conveniente à diversidade da interação de jovens com as músicas, pois, se criam suas estéticas e práticas musicais, também se dedicam às tradições sonoras das gerações passadas.

Marín e Muñoz (2002, p.48) destacam outra perspectiva das culturas juvenis. Em *Secretos mutantes: música y creación en las culturas juvenis*, propõem uma abordagem dessas culturas conforme a dimensão estética, cujo significado esclarecem:

> [...] quando falamos de estética nas culturas juvenis não nos referimos à moda nem ao estilo, mas sim a toda dimensão de criação. Esta dimensão [...] se estende além das fronteiras da arte transcendente, própria do gênio criador, e leva a potencialidade criativa a domínios como existência, a vida de qualquer um.

Esses autores criticam as perspectivas desviacionistas, os enfoques de tribos urbanas que enfatizam o "provisório, o efêmero e o instável", além dos problemas de identidade e da politização das formas de expressão dos jovens. Segundo eles, nenhuma dessas linhas interpretativas "[...] entendeu as culturas juvenis como formas de criação" (ibidem, p.10, 17).

> CENA...
> Também as mulheres do *hardcore* criaram seu próprio movimento para promover uma presença feminina mais forte na cena: *Las Riot Grrrls* ou *Chicas del tropel*. Esta tendência surgiu no começo dos anos 90 e se organizou em Washington [...] Kethleen Hanna [integrante do Bikini Kill]: não quero ser assimilada ou integrar-me ao mundo tal como é. Sou mais a favor da revolução e do radicalismo, das mudanças de toda estrutura. Me interessa fazer do mundo algo diferente para poder viver nele (ibidem, p.262).

Marín e Muñoz comentam: "Vemos o motor da criação, o 'faça você mesmo' incitando a todos que se sentem rechaçados ou marginalizados dentro da cultura a se desdobrarem como seres criadores, autônomos e importantes" (ibidem, 62).

Circuitos de jovens

> CENA...
> Quem passar aos sábados por volta das 16 horas na rua Teodoro Sampaio, no bairro Pinheiros, zona oeste da cidade de São Paulo, possivelmente encontrará em frente a uma loja de instrumentos um pequeno palco improvisado [...] Nesse espaço, não são executadas canções conhecidas [...] Os músicos – e não os cantores – são os protagonistas, e a música – e não a letra – é o foco da apresentação. (Iwasaki, 2007, p.168)

Eis um recorte do estudo de Camila Iwasaki sobre jovens instrumentistas – "rapazes com idade entre 19 e 30 anos" na cidade de São Paulo. A autora busca

> delinear o estilo de vida do jovem instrumentista, suas concepções, suas regras de sociabilidade, seu ponto articulador comum – a música instrumental – e [...] demonstrar o quanto essa prática precisa estar vinculada a cidades do porte de São Paulo para se desenvolver plenamente. (ibidem, p.168-9)

Em outro recorte desse estudo, lê-se:

> Um importante local da noite paulistana integrante do circuito dos que oferecem música instrumental é o restaurante Walter Mancini [...] onde os jovens vão desfrutar a sabedoria e a experiência de grandes músicos de uma geração mais velha. [...] Os jovens vão ao Mancini para dar canjas, e a etiqueta é tocar do jeito dos "velhos". Se os "velhos" instrumentistas gostarem da qualidade musical do jovem, ele está aprovado como músico e terá o respeito da velha geração. (ibidem, p.180)

Magnani (2007, p.18) propõe a categoria circuitos de jovens como um alternativo "[...] ponto de partida para a abordagem do tema sobre comportamento dos jovens nos grandes centros urbanos" e como "contraposição ou complementaridade" aos conceitos de culturas juvenis e tribos urbanas. Para esse antropólogo, o sentido de culturas juvenis usado por Feixa ainda se vincula à categoria subcultura. Eis o que ele diz sobre circuitos de jovens como contraponto à ênfase dada pelos outros conceitos:

> Em vez da ênfase na condição de "jovens" que supostamente remete à diversidade de manifestações a um denominador comum, a ideia é privilegiar sua inserção na

> paisagem urbana por meio da etnografia dos espaços onde circulam, onde estão seus pontos de encontro e ocasiões de conflitos, além dos parceiros com quem estabelecem relações de troca. Mais concretamente, o que se busca com tal opção é um ponto de vista que permita articular dois elementos presentes nessa dinâmica: os comportamentos (recuperando os aspectos da mobilidade, dos modismos etc., enfatizados nos estudos sobre esse segmento) e os espaços, instituições e equipamentos urbanos que, ao contrário, apresentam um maior (e mais diferenciado) grau de permanência na paisagem [...]. O que se pretende com esse termo, por conseguinte, é chamar a atenção, primeiro para a sociabilidade e não tanto para as pautas de consumo e estilos de expressão ligados à questão geracional, tônica das "culturas juvenis"; e, segundo, para as permanências e regularidades, em vez da fragmentação e nomadismo, mais enfatizados na perspectiva das ditas "tribos urbanas". (ibidem, p.19)

Embora originalmente se aplique aos grandes centros urbanos, compreendo que a categoria "circuitos de jovens" possibilita ao estudo da interação de jovens com as músicas a abrangência de um universo mais amplo do que aquele estudado em grande parte da literatura centrada nos conceitos de subculturas juvenis, tribos urbanas e culturas juvenis.

Esses quatro conceitos estão presentes em vários dos textos que compõem o guia bibliográfico do próximo capítulo.

2
Guia bibliográfico

A literatura aqui reunida é composta por 150 títulos publicados entre 1996 e 2011.[1] São ensaios, trabalhos empíricos e discussões teóricas realizados nos cinco continentes. A maior parte diz respeito à produção brasileira, mas há significativa presença de outros países: da América Latina – Argentina, Chile, Colômbia, Costa Rica, México; da América do Norte – Canadá e Estados Unidos; da Europa, os estudos são de países nórdicos, Grã-Bretanha, Alemanha, França, Itália, Portugal, Espanha, Rússia e Bulgária; da Ásia há literatura da Índia, China e Japão; da Oceania foram localizados estudos australianos; da África, estudo na Nigéria.

Essa produção vincula-se direta ou indiretamente aos estudos que inauguraram investigações e reflexões sobre jovens e músicas na década de 1960 na Europa, principalmente no âmbito do então constituído campo dos Estudos Culturais na Grã- Bretanha, originário da Escola de Birmingham – Centro para Estudos da Cultura

1 Esses 150 títulos compreendem 37% de dissertações, 35% de artigos, 15% de livros, 9% de teses e 4% de capítulos de livros.

Contemporânea. Por sua vez, esses trabalhos iniciais no assunto tiveram como parâmetro o que se produziu sobre juventude nas primeiras décadas do século XX no círculo da Escola de Chicago, Estados Unidos.

A seguir são mencionados alguns desses "clássicos", incluindo textos que também são referência no Brasil sobre a temática deste guia, porém publicados mais tarde – final da década de 1980 e início dos anos 1990. Uma revisão detalhada desses estudos iniciais sobre juventude, incluindo os casos da interação de jovens com a música, pode ser encontrada em Feixa (2006) e Laughey (2006).

No âmbito dos Estudos Culturais, são títulos significativos:

- HALL, S.; JEFFERSON, T. (eds.). *Resistance Through Rituals:* Youth Subcultures in Pos-War Britain. Londres: Hutchinson & Co, 1976 [1975].
- HEBGIGE, D. *Subculture:* the Meaning of Style. Londres: Routledge, 1979.
- WILLIS, P. *Profane Culture*. Londres: Routledge & Kegan Paul, 1978.
- WILLIS, P. *Common Culture:* Symbolic Work at Play in Everyday Cultures of the Young. Buckingham: Open University Press, 1990.

Na esteira dessa produção inicial aparecem, no final dos anos 1970 e início dos anos 1980, publicações vinculadas aos campos da Sociologia da Música e dos Estudos da Música Popular. O britânico Simon Frith, sociólogo da música, escreveu o livro *The Sociology of Rock* (1978), em cujo conteúdo inclui dois capítulos que se ocupam diretamente de jovens e músicas, intitulados na edição espanhola de 1980 como "Juventud y música" [subtítulos: "El uso de la música"; "Explicaciones sociológicas"; "Explicaciones subculturales"] e "Música y ocio" [subtítulos: "Los trabajadores jóvenes"; "Chicas"; "Estudiantes"]. Frith procedeu a uma atualização desse estudo, que foi publicada em 1981 como *Sounds Effects:* Youth, Leisure, And the Politics of Rock, em que discute mais densamente acerca de jovens e música. O capítulo "Youth and Music" aborda "The Use of Music"; "Music and Class"; "The Sociology of Taste"; "Subculture"; "Girls and Youth Subculture".

Outros textos merecem atenção:

- ROSE, T. *Black Noise:* Rap Music and Black Culture in Contemporary America. Middletown: Wesleyan University Press, 1994.
- ROSS, A.; ROSE, T. (eds.). *Microphone Fields:* Youth Music and Youth Culture. Londres: Routledge, 1994.

Da literatura sociológica francesa, a influência de *O tempo das tribos*: o declínio do individualismo nas sociedades de massa, de Michel Maffesolli (1987), é notória.

No Brasil, uma publicação referência nos estudos relativos às culturas dos jovens no cenário nacional é o livro *Cenas juvenis:* punks e darks no espetáculo urbano, de Helena Abramo, publicado em 1994. Antes disso, sem propor-se diretamente a discutir as juventudes, mas tratando delas nas interações com o funk carioca, está o estudo de Hermano Viana, *Mundo funk carioca*, de 1988.

Por almejar melhor visibilidade do conjunto de textos que compõem este guia bibliográfico, optei por apresentá-lo em subtemáticas vinculadas ao tema "interação de jovens com as músicas". São elas: 1) campo de estudo; levantamentos e procedimentos metodológicos e teóricos; 2) aprendizagem de música; 3) culturas musicais dos jovens; 4) outros subtemas: experiência da escuta de música, jovens negros, gênero, religião, profissionalização, tradições musicais, tecnologia digital. Obviamente, grande parte dos escritos poderia constar de vários desses grupos. Porém, o critério que adotei nos agrupamentos visa destacar os focos de discussão eleitos pelos próprios autores. Por exemplo, a dissertação de Elaine Nunes de Andrade, intitulada *Movimento negro juvenil*: um estudo de caso sobre jovens *rappers* de São Bernardo do Campo (1996), poderia constar ou da subtemática "culturas musicais dos jovens" ou "jovens negros". Entretanto, o documento compõe o grupo de títulos "jovens negros" por ser esse o foco de discussão central da pesquisa de Andrade.

Campo de estudo: levantamentos e procedimentos metodológicos e teóricos

O conjunto de obras que abre a coletânea propicia uma perspectiva abrangente da temática "interação de jovens com as músicas" e está subdividido em: campo de estudo, levantamentos e procedimentos metodológicos e teóricos.

Os textos agrupados em "campo de estudo" trazem: abordagens no assunto (Müller, 2002); discussão acerca de gostos e preferências musicais dos jovens (Martínez, 2003; Zillmann, 1997); centralidade da música nas suas vidas (North; Hargreaves; O'Neil, 2000) e participação significativa dessa linguagem artística na constituição de subjetividades e identidades juvenis (Jagodzinski, 2005; Tarrant; North; Hargreaves, 2002). O livro de Baache (1998) possibilita conhecer sobre jovens e músicas na Alemanha, produção que pouco circula no Brasil.

Em "levantamentos", os documentos mapeiam a interação de jovens e músicas abarcando vários aspectos e em diferentes contextos: Londrina, uma cidade do interior do estado do Paraná, Brasil (Rabaioli, 2002); um bairro parisiense (Green, 1998); Bologna e Messina, cidades italianas (Gasperoni; Marcon; Santoro, 2000).

No grupo intitulado "procedimentos metodológicos e teóricos", Araújo et al. (2006) relatam sobre um modelo dialógico na pesquisa em que jovens de uma comunidade carioca são copesquisadores. O mesmo tipo de experiência está no artigo de Bloustien e Petters (2003). Uma análise crítica sobre metodologia nos estudos das culturas juvenis, incluindo a pesquisa realizada por *insiders*, encontra-se em Bennett (2002, 2003). Laughey (2006) e Magnani (2005) discutem perspectivas teóricas. O primeiro defende um modelo interacionista nos estudos de jovens e músicas; o segundo propõe o conceito de "circuitos de jovens".

Campo de estudo

BAACHE, D. (ed.). *Handbuch Jugend und Musik*. Hemsbach: Leske+Budrich, Opladen, 1998.

Esse *handbook* compõe-se de uma seleção de dez textos organizados por temáticas diversas: cultura, expressão, música popular, música erudita, mídia, tecnologia digital, pedagogia. O livro possibilita uma visão do tratamento dado ao assunto "juventude e música" na academia alemã.

JAGODZINSKI, J. *Music in Youth Culture:* a Lacanian Approach. Nova Iorque: Palgrave Macmillan, 2005.

Jagodzinski, professor da Universidade de Alberta, Canadá, no Departamento de Educação Secundária, faz uma análise de gêneros musicais e músicos vinculados à cultura juvenil da década de 1990 e anos iniciais do século XXI. Tem como referencial teórico autores pós-modernos, com destaque para Deleuze e Gatarri, e as abordagens do psicoanalista Lacan. São tratados aspectos como transgressão, subjetividade, perversão da música – "boyz/bois/boys" – e histeria – "gurlz/girls/grrrls".

MARTÍNEZ, R. Espacios musicales: la música pop(ular) y la producción cultural del espacio social juvenil. *Jóvenes, Revista de Estudios sobre juventud*, México, D.F., año 7, n.19, p.152-83, jul.-dez. 2003. Disponível em: <http://www.cinterfor.org.uy/pubcgi/links_ext.pl?http://www.imjuventud.gob.mx/rev19_contenido.asp+spanish>. Acesso em: 9 set. 2009.
O autor, com base em dados empíricos levantados na cidade de Birmingham entre 1999 e 2000, analisa as relações entre gosto musical dos jovens – entre 15 e 16 anos, estudantes e frequentadores de uma "casa juvenil" –, a produção dos espaços sociais desses mesmos sujeitos e "geografias musicais". Martínez reconhece nos aspectos que envolvem o gosto musical, entendido como "elemento importante do estilo de vida", "ferramentas muito poderosas de produção cultural". Analisa os aspectos sociais que envolvem o gosto e o consumo de música pelos jovens.

MÜLLER, R. Perspectives from the Sociology of Music. In: COLWELL, R.; RICHARDSON, C. *The New Handbook of Research on Music Teaching and Learning*. Nova York: Oxford University Press, 2002, p.584-603.
O texto possibilita situar os estudos das interações de jovens com a música no campo da Sociologia da Música. Também revisa essa temática no campo dos Estudos Culturais e Sociologia da Música Popular.

NORTH, A.; HARGREAVES, D.; O'NEILL, S.. The Importance of Music to Adolescents. *British Journal of Educational Psychology*, [s.l.], n.70, p.255-72, 2000.
A pesquisa foi realizada com 2.465 adolescentes ingleses com idades entre 13 e 14 anos. Por meio de

questionário foi apurado o grau de envolvimento dos jovens estudantes com as práticas musicais, a importância da música frente a outras atividades e que fatores determinam que eles escutem e executem música popular e/ou erudita. Os resultados indicaram que a importância da música para os adolescentes se dá porque "ela permite que eles façam uma imagem do mundo externo e satisfaçam suas necessidades emocionais".

SETTON, M. da G. J. Reflexões sobre a dimensão social da música entre os jovens. *Comunicação e Educação* (USP), v.1, p.15-22, jan.-abr. 2009.
O artigo objetiva "refletir sobre alguns aspectos da socialização do jovem a partir da linguagem musical", respaldado na "capacidade" de integração e construção de identidades. A música, como produto cultural, é tomada como poder socializador, como construtora e mediadora de "códigos e significados de um coletivo e seu poder de constituição de subjetividades". Setton aborda as dimensões coletivas e individuais na relação de jovens e músicas: música mediadora de sociabilidades entre os jovens (coletivo); música como "diálogo consigo mesmo" (indivíduo).

TARRANT, M.; NORTH, A.; HARGREAVES, D. Youth Identity and Music. In: MacDONALD, R.; HARGREAVES, D.; MIELL, D. (eds.). *Music Identities*. Oxford: Oxford University Press, 2002, p.134-50.
Com base no papel relevante da música na vida dos adolescentes e na constatação de que esses sujeitos "desvalorizam" a música como componente curricular, este capítulo busca compreender a partir da perspectiva da Psicologia Social "como as necessidades dos adolescentes e seu desenvolvimento de modo

geral contribuem" para essa desvalorização. A busca por essa compreensão se dá a partir de estudos sobre a relação entre identidade e música.

ZILLMANN D; GAN, S. Musical Taste in Adolescence. In: Hargreaves, D. J.; NORTH, A. (eds.). *The Social Psychology of Music*. Oxford: Oxford University Press, 1997, p.161-87.

Este capítulo volta-se para os "fatores sociais, individuais e situacionais que influenciam na formação dos gostos musicais dos adolescentes" a partir de uma revisão bibliográfica tematizada em consumo musical, desfrute da música e racionalização dessa experiência e preferências musicais individuais.

Levantamentos

GASPERONI, G.; MARCON, L.; SANTORO, M. *La musica e gli adolescenti:* pratiche, gusti, educazione. Turino: EDT, 2004.

O livro relata os resultados de pesquisa realizada entre 2000 e 2002 na Itália – Bologna e Messina. Trata-se de um estudo sociológico da vida musical de adolescentes (15 a 24 anos) a partir de duas fontes de dados: entrevistas não estruturadas e questionário aplicado a 1.210 adolescentes. O livro se concentra nesse segundo instrumento investigativo.

GREEN, A.-M. (ed.). *Des jeunes et des musiques:* rock, rap, techno... Paris: L'Harmattan, 1997.

Esta publicação, coordenada por Green e com textos seus e de outros três pesquisadores, traz, na primeira parte, o resultado de pesquisa quantitativa coordenada por Anne-Marie Green sobre a "conduta musical de adolescentes". Trata-se de um novo mapeamento atualizado acerca de condutas musicais de jovens franceses, anteriormente pesquisadas na mesma região.[2]

RABAIOLI, I. *Práticas musicais extraescolares de adolescentes:* um survey com estudantes de Ensino Médio da cidade de Londrina (PR). Porto Alegre, 2002. 145f. Dissertação (Mestrado em Música) – Instituto de Artes, Universidade Federal do Rio Grande do Sul. Disponível em: <http://www.biblioteca.ufrgs.br/bibliotecadigital/2003-1/tese-art-0377784.pdf>. Acesso em: 5 mar. 2006.

A pesquisa foi desenvolvida no intuito de identificar, descrever e analisar a diversidade das práticas musicais extraescolares de adolescentes de 15 a 17 anos do ensino médio da cidade de Londrina (PR). O autor analisa quantitativamente a frequência, o local, os recursos utilizados, o caráter socializador e os gêneros musicais envolvidos nestas práticas, levantando em consideração níveis de *status* econômico, sexo, série e turno. A metodologia utilizada foi *survey* por amostragem estratificada, e a fundamentação teórica está baseada nos estudos de Green, Pais, Dumazedie e Minayo. Concluiu-se que a prática musical está presente de maneira "multifacetada" no cotidiano dos jovens. Esse fato, segundo o autor, deveria ter grandes implicações para a educação musical.

Procedimentos metodológicos e teóricos

ARAÚJO, S. et al. A violência como conceito na pesquisa musical; reflexões sobre uma experiência dialógica na Maré, Rio de Janeiro. *TRANS – Revista Transcultural*

2 GREEN, A.-M. Les comportements musicaux des adolescents. *Inharmonique Musiques, Identité,* Paris, v.2, p.88-102, 1987.

de Música, [s.l.], n.10, 2006. Disponível em: <http://www.sibetrans.com/trans/trans10/indice10.htm>. Acesso em: 4 ago. 2007.

Do lugar da etnomusicologia, os autores propõem neste relato de pesquisa em andamento examinar a relação violência e música a partir de uma interação dialógica freiriana com jovens da comunidade pesquisada. A investigação, tematizada na música, memória e sociabilidade na comunidade da Maré, Rio de Janeiro, propõe uma "socioacústica da violência". A reflexão aponta "para a violência simbólica através da música e da comunicação sonora não verbal como uma constante na vida de sujeitos concretos"; para a violência por meio da música "como dimensão crucial de sua experiência de mundo"; e para outras concepções de políticas públicas para os jovens.

BENNETT, A. Researching Youth Culture and Popular Music: a Methodological Critique. *British Journal of Sociology*, [s.l.], v.53, n.3, p.466-541, set. 2002.

Baseado na ausência de debate crítico sobre procedimentos metodológicos na pesquisa que focaliza a relação entre culturas juvenis e música popular, Bennett aponta a problemática da rejeição de dados empíricos nos primeiros estudos realizados na Grã-Bretanha nos anos 1970 e, nas investigações posteriores, a falha na reflexão sobre os processos da pesquisa, tal como a falta de negociação no acesso ao campo. Trata também dos pesquisadores *insiders*.

BENNETT, A. The Use of "Insider" Knowledge in Ethnographic Research on Contemporary Youth Music Scenes. In: BENNETT, A.; CIESLIK, M.; MILES, S. *Researching Youth*. Nova Iorque: Palgrave Macmillan, 2003, p.119-86.

Bennett traça um percurso dos "estudos de música e juventude baseados em estilo" desde os realizados no *Birmingham Centre for Contemporary Cultural Studies* até as abordagens mais recentes em que pesquisadores são membros dos grupos pesquisados. O foco deste capítulo é em uma avaliação crítica desse conhecimento produzido por *insiders*. Após apontar aspectos desfavoráveis desse tipo de incursão, o autor destaca as vantagens.

BLOUSTIEN, G.; PETERS, M. Playing for Life: New Approaches to Researching Youth and Their Music Practices. *Youth Studies Australia*, Hobart, Tasmania, v.22, n.2, p.32-9, 2003.

Este artigo apresenta reflexões de cunho ético e metodológico acerca do projeto transnacional de pesquisa "*Playing for Life*", posto em prática na Grã-Bretanha, nos Estados Unidos, na Austrália e na Alemanha. O estudo focalizou jovens marginalizados e suas práticas musicais em locais não formais; esses jovens foram copesquisadores; recorreu-se às "metodologia etnográfica de autovídeo" e "novos modelos" de investigação intergeracional.

LAUGHEY, D. *Music and Youth Culture*. Edinburgh: Edinburgh University Press, 2006.

Crítico das abordagens das culturas juvenis como subculturas e pós-subculturas, Laughey empreende pesquisa com base no interacionismo, focalizando o tema "música e culturas juvenis" na vida cotidiana. A partir de dados quantitativos e qualitativos extraídos de entrevistas com jovens de cidades inglesas, o autor propõe um "modelo interacionista para o estudo das culturas musicais da juventude no cotidiano e a mídia [...] buscando situar e contextualizar práticas locais de música juvenil [...] em relação a outras atividades de lazer, educação e trabalho".

MAGNANI, J. G. C. Os circuitos dos jovens urbanos. *Tempo Social – Revista de Sociologia da USP*, São Paulo, v.17, n.2, p.173-205, nov. 2005. Disponível em: <http://www.periodicos.capes.gov.br/portugues/index.jsp>. Acesso em: 14 nov. 2007.
O texto de Magnani discute sobre as práticas culturais e de lazer entre os jovens na cidade de São Paulo, propondo um novo conceito no lugar de subculturas juvenis, tribos urbanas e culturas juvenis. Trata-se de "circuitos de jovens", que diz respeito aos espaços por onde os jovens circulam e suas relações de troca e ocasiões de conflitos.

Aprendizagem de música

É impossível abordar as práticas musicais [...] sem considerar a aprendizagem. Para os adolescentes, este aspecto está no centro de suas atitudes ou preocupações porque para certos gêneros musicais, o saber-fazer musical está intimamente ligado a processos de apropriação bem específicos.

(Green, 1997, p.47)

Essa observação da socióloga francesa Anne-Marie Green indica a relevância dos processos de aprendizagem de música no estudo das práticas musicais emergentes ou consolidadas, percepção que compartilho (Arroyo, 2009a). Também sinaliza que a aprendizagem de música acontece além dos processos de escolarização e da apreensão técnico-musical, como a literatura do campo da Educação Musical já vem mostrando há pelo menos quatro décadas.[3] Os textos comentados nesta seção focalizam estudos de aprendizagem musical empreendida em vários contextos e realizados nos campos acadêmicos da Antropologia, Educação, Estudos de *Media Education*, Estudos da Música Popular, Etnomusicologia, Psicologia, Psicologia Social e Sociologia da Juventude. A literatura nacional e internacional trata dessa subtemática nos contextos escolares, nas experiências cotidianas dos jovens, em projetos socioculturais, no trânsito entre os processos de aprendizagem escolares e extraescolares, no âmbito das culturas musicais dos jovens.

ALMEIDA, J. L. S. de. *Ensino de música com ênfase na experiência prévia dos alunos:* uma experiência com percussionistas de Salvador. Salvador, 2004. 122f. Dissertação (Mestrado em Educação Musical) – Escola de Música, Universidade Federal da Bahia.

A pesquisa investigou a relação de ensino e aprendizagem de grupos percussionista afro-baianos da cidade de Salvador, focalizando a troca entre os "saberes e fazeres da academia e a cultura dita popular". Os grupos pesquisados eram formados por um total de 28 percussionistas entre 16 e 33 anos de idade com larga experiência prática, mas sem conhecimento teórico de leitura e escrita musical. Assim, utilizando-se de entrevistas, Almeida buscou investigar a dinâmica nas oficinas de escrita, as relações interpessoais, a leitura musical e a técnica de caixa-clara.

ARROYO, M. Escola, juventude e música: tensões, possibilidades e paradoxos. *Em Pauta* – Revista do

3 Uma publicação referência é MENC - Music Educators National Conference. Music in world cultures. *Music Educators Journal*, v.59, n.2, oct. 1972.

Programa de Pós-Graduação em Música da UFRGS, Porto Alegre, v.18, n.30, p.6-39, jan.-jun., 2007.
O artigo traz resultados de pesquisa que teve por objetivo mapear a literatura que discute a articulação da escola com as culturas juvenis e a música popular e refletir criticamente sobre a escola como *locus* de prática musical dos jovens. A discussão tomou por base a teorização de Tia DeNora sobre a "força semiótica da música".

ARROYO, M. Música na *Floresta do Lobo*. *Revista da ABEM*, [s.l.], n.13, p.17-28, 2005.
O texto relata resultados de pesquisa empreendida junto a jovens estudantes dos anos finais do ensino fundamental de escola pública rural situada no município de Uberlândia, MG. O estudo focalizou a relação desses jovens com a música popular e teve por finalidade contribuir com subsídios à elaboração de propostas locais de ensino e aprendizagem de música na educação fundamental.

BINAS, S. Youth Subcultures Are Dead!? On the Cultural Logic of "Generation Z" and the Consequences for Music Educational Concepts. *The World of Music*, v.42, n.1, p.125-36, 2000.
Neste artigo, "desafios, problemas e limites em ensinar música popular na escola" são objeto de atenção. Questões vinculadas à cultura musical juvenil nos anos 1990 levam a autora a considerar o conceito de *subcultura* inadequado para entender a produção juvenil dessa década. O recorte empírico do estudo situa-se em escolas alemãs dos anos 1990.

BRÉSCIA, V. L. F. P. *A educação musical a serviço de um programa de prevenção psicossocial para crianças e adolescentes*. Campinas, 2003. 191f. Tese (Doutorado

em Psicologia) – Centro de Ciências da Vida, Pontifícia Universidade Católica.
Este trabalho objetiva averiguar as possíveis mudanças na vida e na realidade social de crianças e adolescentes do Projeto Guri (programa de ação efetivo realizado no estado de São Paulo desde 1995). Uma parte da pesquisa foi realizada na cidade de Indaiatuba-SP com 45 alunos e 22 professores do Projeto; a outra, nas cidades de Campinas, Jundiaí, Piracicaba e São Paulo com 25 educadores musicais. Os dados foram coletados por intermédio da aplicação de questionários.

BRUNSTEIN, L. S'approprier Le Rock. In: GREEN, A.-M. (ed.). *Des jeunes et des musiques:* rock, rap, techno... Paris: L'Harmattan, 1997, p.113-67.
O autor aborda o rock como uma prática "ligada ao presente" e em "constante movimento". Seu foco de atenção está na transmissão e apreensão dessa prática musical, aspectos considerados por ele como "essenciais à difusão" de práticas culturais. Brunstein situa o rock francês e discute a "apropriação" desse gênero musical, termo que considera mais adequado do que "aprendizagem".

CAMPBELL, P. S.; CONNELL, C.; BEEGLE, A. Adolescents' Expressed Meanings of Music in and out of School. *Journal of Research in Music Education,* [s.l.], v.55, p.220-36, 2007.
Por meio da análise de pequenos textos escritos por adolescentes americanos, estudantes dos equivalentes aos anos finais do ensino fundamental e médio brasileiros, as autoras objetivaram "determinar o significado da música e da educação musical" para esses sujeitos. Foram analisados mais de mil textos voluntariamente escritos pelos estudantes para a participação em uma competição nacional intitulada "*Ban the Elimination of*

Music Education in Schools" e cujo tema versava sobre "justificativas de continuidade da música como uma disciplina escolar". Os focos de interesse na análise desse material foram: os significados que os estudantes atribuem à música dentro e fora da escola; o papel da música na formação de sua identidade; os benefícios ou não da música para os adolescentes; conteúdos curriculares de programas de música; e as qualidades dos professores para facilitar experiências de aprendizagem musical. As autoras fazem revisão bibliográfica dos estudos que se ocuparam de adolescentes e músicas e descrevem com detalhes os procedimentos metodológicos. A "abordagem indutiva" é empregada por meio da análise de conteúdo e levantamento qualitativo de categorias de análise.

CORRÊA, M. K. *Violão sem professor:* um estudo sobre processos de autoaprendizagem com adolescentes. Porto Alegre, 2000. 191f. Dissertação (Mestrado em Música) – Instituto de Artes, Universidade Federal do Rio Grande do Sul.
Essa pesquisa objetiva descrever e analisar a prática musical de jovens entre 15 e 16 anos, em contexto "extraescolar", como meio para investigar os procedimentos envolvidos na autoaprendizagem do violão. Para isso, foi realizado um estudo de caso com cinco adolescentes, estudantes de uma escola particular na cidade de Porto Alegre. As discussões apresentadas baseiam-se na Sociologia da Educação Musical. No texto, o autor discute o conceito de autoaprendizagem e descreve os dados coletados por meio de entrevistas com cada um dos adolescentes.

CRUZEIRO, R. L. *O movimento corporal na prática pedagógica do violino:* um estudo com professores de adolescentes iniciantes. Porto Alegre, 2005. 82f.

Dissertação (Mestrado em Música) – Instituto de Artes, Universidade Federal do Rio Grande do Sul. Disponível em: <http://www.bibliotecadigital.ufrgs.br/da.php?nrb=000457146&loc=2005&l=33d772b1429ecc2e>. Acesso em: 12 set. 2007.

A autora investigou a utilização do movimento corporal no ensino do violino para adolescentes iniciantes de 12 a 18 anos de idade, indagando como as práticas pedagógicas podem auxiliar no trabalho com as deficiências técnicas encontradas. Para isso, foram aplicados questionários a professores do Centro de Educação Profissional – Escola de Música de Brasília como meio para levantar os problemas técnicos mais recorrentes nas aulas de violino para adolescentes iniciantes. Este trabalho fundamenta-se teoricamente nas ideias de Paul Rolland.

FIALHO, V. A. M. da S. A televisão como mediador na formação e atuação musical. *Em Pauta* – Revista do Programa de Pós-Graduação em Música da UFRGS, Porto Alegre, v.14 n.23, p.63-90, dez. 2003.

O foco desta investigação é o programa televisivo intitulado *Hip Hop Sul*, levado ao ar pela TV Educativa do Rio Grande do Sul, por meio do qual a autora busca entender as "funções sociomusicais e as experiências de formação e atuação que o programa desempenha".

FIALHO, V. A. M. da S. *Hip Hop Sul:* um espaço televisivo de formação e atuação musical. Porto Alegre, 2003. 186f. Dissertação (Mestrado em Música) – Instituto de Artes, Universidade Federal do Rio Grande do Sul.

A análise do programa televisivo *Hip Hop Sul* propiciou o estudo das funções sociomusicais e as experiências de formação e atuação musical que o programa promove. A dissertação também aborda aspectos referentes às experiências musicais dos grupos de rap como telespectadores e participantes do programa citado. Com base nos estudos culturais apresentados por Wolf, nos métodos de análise televisiva de Casetti e Chio e em entrevistas com produtores, apresentadores, DJs, e grupos de rap, busca compreender e reconhecer outras práticas pedagógico-musicais.

GILIO, A. M. da C. *"Pra que usar de tanta educação para destilar terceiras intenções?"*: jovens, canções e escola em questão. Niterói, 1999. 290f. Dissertação (Mestrado em Educação) – Centro de Estudos Sociais Aplicados, Universidade Federal Fluminense.

A pesquisa tem como objetivo investigar o que os jovens expressam por meio da linguagem musical que a escola não consegue entender. A análise de conteúdo foi feita no questionário respondido por 502 jovens de 15 a 19 anos cursando o ensino médio da rede pública e particular em Niterói.

GREEN, A.-M. (ed.). *Des jeunes et des musiques:* rock, rap, techno... Paris: L'Harmattan, 1997.

O livro coordenado por Green está dividido em quatro partes. A primeira, intitulada "As condutas musicais adolescentes", é de sua autoria e traz o resultado de pesquisa realizada com estudantes de liceus na região de Paris, França. Apresenta um mapeamento que atualiza dados de mesma natureza empreendido dez anos antes pela socióloga na mesma região. As segunda e terceira partes do livro, respectivamente "As práticas musicais de grupo" e "A música e a festa", trazem resultados de estudos sobre a aprendizagem no rock, sobre o rap e sobre a música techno.[4] A quarta parte,

4 Esses capítulos estão comentados separadamente (BRUNSTEIN, 1997; DESVERITÉ; GREEN, 1997; MOLIÈRE, 1997).

"A visão dos adultos", e a conclusão são de autoria novamente de Anne-Marie Green.

GREEN, L. *Music, Informal Learning and the School:* a New Classroom Pedagogy. Hampshire, England: Ashgate, 2008.

Neste volume, Lucy Green dá sequência ao seu estudo sobre as práticas de aprendizagem "informal" no âmbito da música popular, desta vez experimentando aplicar nas aulas de música de turmas do equivalente brasileiro aos anos finais do ensino fundamental procedimentos metodológicos levantados em sua pesquisa anterior que focou como os músicos populares aprendem música. Assim, com base nesses dados, Green elaborou uma proposta pedagógico-musical para turmas de estudantes de 13 e 14 anos. A pesquisa contempla tanto as respostas dos adolescentes quanto as dos professores à proposta. O objetivo da investigação foi "apresentar uma análise detalhada e teórica sobre o que ocorreu durante o projeto, os como e porquês e quais benefícios e desafios o projeto forneceu à educação musical".

HARGREAVES, D.; MARSHALL, N. A. Developing Identities in Music Education. *Music Education Research*, [s.l.], v.5, n.3, p.263-74, nov. 2003.

O artigo traz dados preliminares da pesquisa que se ocupou em estudar as "atitudes de estudantes com relação à música dentro e fora da escola". A escolaridade pesquisada equivale aos anos finais do ensino fundamental no Brasil. Os resultados apontam para os desafios da educação musical no século XXI.

HIKIJI, R. S. G. Música para matar o tempo: intervalo, suspensão e emersão. *Mana*, Rio de Janeiro, v.12, n.1, p.151-78, 2006. Disponível em: <http://http://www.scielo.br>. Acesso em: 25 out. 2007

O artigo discute as relações entre "temporalidades vividas pelos jovens" internos na antiga Febem-SP e a "experiência de suspensão temporal proporcionada pelo fazer musical". A pesquisa foi realizada em polo do Projeto Guri, programa da Secretaria de Cultura do Estado de São Paulo destinado a crianças e jovens de "baixa renda" e baseado na aprendizagem musical em orquestras didáticas e corais. O estudo desvela o que está por detrás da concepção da música como ação para "matar o tempo".

HIKIJI, R. S. G. *A música e o risco*. São Paulo: Edusp; Fapesp, 2006.
Trata-se de um estudo antropológico cujo campo empírico são as práticas musicais, principais ações de um projeto social do governo do Estado de São Paulo voltado para crianças, adolescentes e jovens de baixa renda. Assim, o fazer musical é "objeto de reflexão antropológica", particularizado pelas classes de idade e social dos atores centrais. Pontualmente, são discutidos aprendizagem, performance e tempo vinculados a essas práticas musicais.

KLEBER, M. O. *A prática de educação musical em ONGs:* dois estudos de caso no contexto urbano brasileiro. Porto Alegre, 2006. 355f. Tese (Doutorado em Música) – Instituto de Artes, Universidade Federal do Rio Grande do Sul. Disponível em: <http://www.lume.ufrgs.br/handle/10183/9981>. Acesso em: 12 out. 2010.
O estudo busca compreender como as ONGs Associação Meninos do Morumbi e Villa-Lobinhos constituíram-se como espaço de ensino e aprendizagem musical. A pesquisa situa-se no campo sociocultural da educação musical, com análise qualitativa dos dados. A metodologia utilizada é a de estudo de caso múltiplo e etnometodologia. De acordo

com a autora, a performance é uma condutora do ensino e da aprendizagem.

KOIZUMI, K. Popular Music, Gender and High School Pupils in Japan: Personal Music in School and Leisure Sites. *Popular Music*, [s.l.], v.21, n.1, p.107-25, 2002.
Reconhecendo que o Japão inclui a música popular nos currículos escolares com cerca de dez anos de atraso em relação à Grã-Bretanha e constando que essa inclusão não considera o gosto musical dos adolescentes, o autor relata a pesquisa etnográfica que focalizou a maneira pela qual esses estudantes que cursavam o equivalente brasileiro ao ensino médio lutaram para ocultar seus gostos musicais. Também é objeto de estudo a relação música popular e identidade de gênero.

LAMONT, A.; et al. Young People' Music In and Out of School. *British Journal of Music education*, [s.l.], v.20, n.3, p.229-41, 2003.
O artigo analisa problemas identificados com a música nas escolas – níveis equivalentes aos anos finais do ensino fundamental brasileiro – a partir de dados sobre o envolvimento e as atitudes dos jovens relativos à música dentro e fora do contexto escolar.

LIMA, A. C. G. e. *A escola é o silêncio da batucada?*: estudo sobre as relações de uma escola pública no bairro de Oswaldo Cruz com a cultura do samba. Rio de Janeiro, 2005. 283f. Tese (Doutorado em Educação) – Departamento de Educação, Pontifícia Universidade Católica do Rio de Janeiro. Disponível em: <http://www.bdae.org.br/dspace/bitstream/123456789/967/1/tese.pdf>. Acesso em: 11 jul. 2011.
Pesquisa etnográfica que buscou compreender como acontecem as relações entre a "cultura da escola" e a "cultura do samba". Alicerçado pelos estudos da

nova sociologia da educação, dos estudos culturais e da pluralidade cultural, Lima analisou o "espaço geográfico e social" de uma escola pública do bairro Oswaldo Cruz, Rio de Janeiro. Munido de dados de entrevistas, análise de jornais e biografias, bem como pesquisa de campo, o autor estudou as representações que os sambistas têm da escola e a relação desta com sua produção musical.

LIMA, M. H. de. *Educação musical/educação popular:* Projeto Música & Cidadania, uma proposta de movimento. Porto Alegre, 2002. 167f. Dissertação (Mestrado em Educação) – Faculdade de Educação, Universidade Federal do Rio Grande do Sul. Disponível em: <http://www.bibliotecadigital.ufrgs.br/da.php?nrb=000370898&loc=2003&l=22ed1ed0ff3c89eb>. Acesso em: 20 out. 2006.

Por intermédio da pesquisa-ação, a autora reflete sobre os significados e as funções que a música assume na vida de crianças e adolescentes envolvidos no Projeto Música & Cidadania, desenvolvido na periferia da cidade de Florianópolis (SC). Para tanto, discute sobre a importância do Projeto dentro da ONG Ceafis, destacando seu crescimento e sua atuação na comunidade, bem como as atividades desenvolvidas. Ainda são abordados temas como educação popular e educação musical no contexto dos projetos sociais. Segundo a autora, por meio da reflexão dos processos de ensino-aprendizagem em música será possível construir propostas de educação musical mais contextualizadas, críticas e conscientes.

LIMA, S. S. C. *Educação e socialidade:* aspectos do imaginário da banda de música do Bom Menino. São Luís, 2006. 203f. Dissertação (Mestrado em Educação) – Centro de Ciências Sociais, Universidade Federal do Maranhão.

O trabalho almeja analisar "a música como prática simbólica organizadora da sociabilidade", investigando o aspecto da inserção social por meio dessa linguagem artística como forma de esclarecer as mudanças sociais que se efetuam nas crianças e nos adolescentes envolvidos em atividades musicais. Lima se utiliza da metodologia de Culturanálise de Grupo, tendo como fundamentação teórica Duran, Maffesoli e Morin. O *locus* da pesquisa foi a Banda do Bom Menino do Convento das Mercês, vinculada à Escola de Música situada na cidade de São Luiz.

LINDGREN, M.; ERICCSON, C. Rock Band Context as Discursive Governance in Music Education in Swedish Schools. *Action, Criticism & Theory for Music Education*, [s.l.], v.9, n.3, p.59-70, out. 2010. Disponível em: <http://act.maydaygroup.org/articles/Lindgren_Ericcson9_3.pdf>. Acesso em: 1 dez. 2010. O texto inicia com breve contextualização das aulas de música nas escolas suecas, apontando que nesse país a presença da música popular no currículo tem ocorrido há décadas. O objetivo do artigo é apresentar os resultados da pesquisa que "discute e problematiza o contexto das bandas de rock na educação musical escolar do país em relação ao controle exercido pela instituição escolar e à formação do conhecimento". Foram realizados vídeos de turmas do 9º grau em escolas urbanas e rurais, cujos dados foram interpretados a partir de uma perspectiva crítica da educação musical.

LORENZI, G. *Compor e gravar músicas com adolescentes:* uma pesquisa – ação na escola pública. Porto Alegre, 2007. 165f. Dissertação (Mestrado em Música) – Instituto de Artes, Programa de Pós-Graduação em Música, Universidade Federal do Rio Grande do Sul. Disponível em: <http://www.bibliotecadigital.ufrgs.

br/da.php?nrb=000593131&loc=2007&l=8ba35ad7d36cf21f>. Acesso em: 13 mar. 2007.

A pesquisa aborda a composição musical por adolescentes e o processo de gravação e produção de um CD feito por estes com esse repertório. O autor buscou investigar implicações para a Educação Musical dos caminhos percorridos pelos adolescentes diante desses processos práticos e tecnológicos. O trabalho foi realizado com um grupo de dez estudantes da rede pública em Gravataí (RS), em uma oficina extracurricular. A metodologia utilizada foi a pesquisa-ação, baseada em três eixos: planejamento, ação e coleta de dados, considerando o grupo a ser pesquisado, seus contextos pessoais e/ou coletivos, apoiando-se na flexibilidade desse tipo de pesquisa.

MAIA, C. V. V. L. *Entre gingas e berimbaus*: culturas juvenis e escola. Belo Horizonte: Autêntica, 2008.

O livro é uma versão de dissertação de mestrado defendida em 2004. Nele a autora observa, descreve e interpreta as culturas juvenis em um escola da rede municipal de Belo Horizonte e nas atividades de capoeira realizadas nesse local. A metodologia utilizada foi a de estudo de caso com abordagem etnográfica – observações e entrevistas com alunos, professora e capoeiristas. Segundo Maia, tanto o grupo de capoeira quanto a escola são "espaços de socialização, construção e transmissão de valores e visões de mundo para os jovens".

McCARTHY, C. et al. (eds.). *Sound Identities*: Popular Music and the Cultural Politics of Educational. Nova Iorque: Peter Lang, 1999.

A elaboração deste livro partiu da constatação de que os pesquisadores dedicados aos estudos da educação e do currículo contemporâneos pouca atenção davam ao "papel da cultura popular na produção das identidades sociais dos jovens estudantes". Com o foco voltado para a música popular, a publicação tem entre seus objetivos: "elevar o *status* da música popular" nos estudos teóricos e práticos do currículo; chamar a atenção para a relevância dos estudos culturais para se pensar o currículo; e superar uma visão romântica da cultura popular e dos jovens de culturas minoritárias, uma vez que nem toda cultura popular promove a transformação. Os vários capítulos estão organizados em quatro conjuntos temáticos: a música dos jovens vista na dinâmica local e global; música pós-colonial e diáspora; rock e a política contraditória dos jovens; e "Pedagogia do afeto musical".

MÜLLER, V. B. *A música é, bem dizê, a vida da gente*: um estudo com crianças e adolescentes em situação de rua na Escola Municipal Porto Alegre – EPA. Porto Alegre, 2000. 205f. Dissertação (Mestrado em Música) – Instituto de Artes, Universidade Federal do Rio Grande do Sul.

Este estudo de caso objetiva investigar as formas pelas quais crianças e adolescentes "em situação de rua" se relacionam com a música e os sentidos que atribuem a ela. Foram realizadas entrevistas e observações na Escola Municipal Porto Alegre (EPA) buscando entender os aspectos comunitários e vivenciais da música. As discussões respaldam-se nos estudos de Christopher Small, a partir de uma abordagem socioeducacional.

NANNI, F. Mass media e socialização musical. *Em Pauta* – Revista do Programa de Pós-Graduação em Música da UFRGS, Porto Alegre, v.11, n.16/17, p.110-43, nov. 2000.

O texto tem como alvo professores da área musical e suas dificuldades em lidar com as aulas de música para adolescentes. A grande influência da mídia e o distanciamento da educação tradicional de música trazem um "sentimento de perplexidade e despreparo" aos professores por conta "das transformações culturais e das relações sociais em sala de aula". Diante disto, foi realizada investigação focalizando "gostos, ideias e reações emocionais de estudantes da escola secundária à música". O artigo traz uma reflexão sobre "socialização e seus desdobramentos no aprendizado musical, formação e rejeição de valores", que procura explicar como as preferências musicais estão ligadas a aspectos psicológicos, sociais e culturais.

PAIS, J. M. Arte de musicar e de improvisar na cultura popular. *Cadernos de Pesquisa*, [s.l.], v.39, n.138, p.147-773, set.-dez. 2009.

O autor discute o valor patrimonial de culturas que são marginalizadas. Toma como campo dessa discussão o fado, em Portugal, e o samba, no Brasil, focalizando a improvisação. O valor da cultura popular identificado nos atos de criação e improvisação são analisados e interpretados a partir de dados de pesquisa que Pais realizou com jovens afrodescendentes portugueses. Essas práticas evidenciam possibilidades de emancipação desses jovens. Discute, finalmente, o que a escola pode apreender dessas vivências informais.

PAIVA, R. G. *Percussão:* uma abordagem integradora nos processos de ensino e aprendizagem desses instrumentos. Campinas, 2004. 151f. Dissertação (Mestrado em Música) – Instituto de Artes, Universidade Estadual de Campinas. Disponível em: <http://libdigi.unicamp.br/document/?code=vtls000339340>. Acesso em: 20 mar. 2006.

O trabalho relata e discute uma proposta metodológica para o ensino de percussão, tomando como procedimento investigativo a pesquisa-ação. Essa metodologia foi aplicada a grupos de jovens de 15 a 25 anos em dois contextos diferentes: em uma escola livre de música, com alunos de classe média-alta, e em um projeto social que atende crianças e adolescentes de baixa renda, denominado Música & Cidadania. Por meio da aplicação desses procedimentos de ensino procurou-se analisar aspectos como motivação, interação com o grupo, assimilação dos conteúdos e compreensão musical.

PAULA, C. A. de. *A música no ensino médio da escola pública do município de Curitiba:* aproximações e proposições à realidade concreta. Curitiba, 2007. 125f. Dissertação (Mestrado em Educação) – Universidade Federal do Paraná. Disponível em: <http://www.ppge.ufpr.br/teses/M07_paula.pdf>. Acesso em: 12 jul. 2011.
Esta investigação foi empreendida devido às dificuldades enfrentadas pela presença da música nos currículos escolares, por um lado, e sua presença cotidiana expressiva na vida dos jovens estudantes, por outro. Essa "contradição" é eleita como objeto de investigação. Os dados coletados constam de questionário e entrevistas dirigidos à comunidade escolar.

PELAEZ, N. C. M. *A música do nosso tempo*: etnografia de um universo musical de adolescentes. Florianópolis, 2005. 114f. Dissertação (Mestrado em Antropologia Social) – Centro de Filosofia e Ciências Humanas, Universidade Federal de Santa Catarina.
O estudo etnográfico objetiva explorar o universo musical de adolescentes de 12 anos de idade da 6ª série de uma escola particular, de classe média-alta, da cidade de Joinville (SC). A autora investiga as concepções, os significados e as preferências musicais dos

adolescentes sob a luz dos estudos de Bourdieu e Bastos. Durante o texto, Pelaez aprofunda-se em questões relacionadas ao *locus* da pesquisa, ao adolescente como sujeito antropológico, à relação da música com a escola e por fim, à relação dos adolescentes com a música.

PINTO, M. Ouvidos para o mundo: aprendizado informal de música em grupos do distrito federal. *Revista Opus*, Porto Alegre, n.8, 2002. Disponível em <http://www.anppom.com.br/opus/>. Acesso em: 5 jul. 2007.
O artigo relata a pesquisa que investigou o papel da música na vida de jovens pertencentes a grupos musicais do Distrito Federal. Assistindo aos ensaios, a autora observou estilos, preferências estéticas e processos de composição adquiridos "informalmente e que podem ser tomados como conhecimento musical e base pedagógica nas escolas".

PRUDENTE, C. L. *A pedagogia afro da Associação Meninos do Morumbi:* entre a carnavalização e a cultura oficial. São Paulo, 2003. Tese (Doutorado em Educação) – Faculdade de Educação, Universidade de São Paulo.
O trabalho analisa o projeto sociopedagógico da ONG Associação Meninos do Morumbi, cujo trabalho é realizado com crianças e adolescentes, predominantemente "negros e não brancos", da periferia da cidade de São Paulo. Para tanto, o autor discute a importância das atividades desenvolvidas pela ONG na medida em que trabalha com a valorização da diversidade cultural, em particular com a cultura afro-brasileira.

RIBAS, M. G. de C. *Música na educação de jovens e adultos:* um estudo sobre práticas musicais entre gerações. Porto Alegre, 2006. 199f. Tese (Doutorado em Música) – Instituto de Artes, Universidade Federal do Rio Grande do Sul. Disponível em: <http://www.bibliotecadigital.ufrgs.br/da.php?nrb=000540408&loc=2006&l=7ffe64dce4b953a7>. Acesso em: 12 ago. 2008.

A pesquisa foi desenvolvida no Centro Municipal de Educação de Trabalhadores Paulo Freire, da cidade de Porto Alegre, com estudantes de 17 a 78 anos de idade no programa de Educação de Jovens e Adultos. O objetivo foi compreender como acontece a articulação de questões referentes a repertório, divergências e convergências, troca e tensões neste contexto. A metodologia do trabalho é a do estudo de caso. Os resultados apontam que a música é importante para o estudo de gerações e para a formação pessoal. Dessa maneira, o trabalho destaca algumas implicações para a educação musical, revelando a necessidade de se fazer conexões entre os diferentes aspectos musicais e as diferentes gerações.

RICHARDS, C. *Teen Spirits:* Music and Identity in Media Education. Londres: UCL Press, 1998.

Produzido no campo dos Estudos Culturais, especificamente nos Estudos de *Media Education*, o livro traz pesquisa empreendida na primeira metade dos anos 1990 sobre a música popular, grupos de adolescentes e escola. Pontualmente, trata de "estudantes e professores fazendo música pop no contexto da educação para as mídias". A questão central da investigação é "como os jovens representam suas experiências culturais informais no contexto formal da escola, especificamente no cenário da matéria educação para as mídias".

ROSSI, D. *Atividades musicais extracurriculares e aulas de artes nas escolas estaduais de ensino médio do município de Curitiba*. Curitiba, 2006. 235f. Dissertação

(Mestrado em Educação) – Programa de Pós-Graduação em Educação, Universidade Federal do Paraná. Disponível em: <http://dspace.c3sl.ufpr.br/dspace/bitstream/1884/6597/1/diss+intro+romanos.pdf>. Acesso em: 24 set. 2007.

Rossi realizou a investigação com jovens estudantes do ensino médio da rede estadual de Curitiba (PR) em escolas selecionadas por oferecerem atividades extracurriculares de música (hip hop, coral, banda fanfarra, rádio e aulas de instrumentos). Seu objetivo foi "definir e analisar as oportunidades e condições ofertadas para a apreciação, conhecimento e a produção da música" tanto nas aulas de Artes dentro da sala quanto nas atividades extracurriculares. Foram realizadas entrevistas não estruturadas com estudantes, professores de Artes e maestros/ professores. A autora apurou que as atividades musicais estão "praticamente ausentes do contexto estudado" devido às dificuldades encontradas pelas instituições escolares, embora essa linguagem "apresenta-se nesse contexto, como um importante elemento de definição dos grupos".

SANTOS, C. B. dos. *Aula de música e escola:* concepções e expectativas de alunos do Ensino Médio. Porto Alegre, 2009. 125f. Dissertação (Mestrado em Música) – Instituto de Artes, Universidade Federal do Rio Grande do Sul. Disponível em: <http://www.lume.ufrgs.br/bitstream/handle/10183/16391/000703094.pdf?sequence=1>. Acesso em: 15 nov. 2010.

O estudo realizado com estudantes de escola pública na cidade de Porto Alegre (RS) buscou "compreender as relações que permeiam as concepções e expectativas" daqueles com relação à aula de música na escola. Os dados foram coletados por meio de grupo de discussão. Além de concepções e expectativas dos jovens relativas à aula de música, foi levantado também como concebem a escola. O referencial de análise e interpretação baseou-se na "teoria da relação com o saber", de Bernard Charlot, especificamente nas "relações de identidade", "relações sociais" e "relações epistêmicas". Os resultados apontaram que os estudantes reconhecem a aula de música na escola "como um espaço/momento de aprendizagens específicas relacionadas à música", bem como contribuem para "o desenvolvimento do sujeito no sentido amplo".

SANTOS, L. G. *Sons das tribos:* compondo identidades juvenis em uma escola urbana de Porto Alegre. Porto Alegre, 2006. 164f. Dissertação (Mestrado em Educação) – Faculdade de Educação, Programa de Pós-Graduação em Educação, Universidade Federal do Rio Grande do Sul. Disponível em: <http://www.bibliotecadigital.ufrgs.br/da.php?nrb=000582078&loc=2007&l=c36541d05515e715>. Acesso em: 15 dez. 2007.
Focalizando as "práticas vivenciadas por alunos do Ensino Médio noturno do Instituto de Educação, escola pública de Porto Alegre" – ano de 2004 – pontualmente o *Projeto das Tribos* –, a autora buscou analisar a construção de identidades juvenis determinadas pelas práticas culturais ligadas à música na contemporaneidade. O enfoque da investigação foi o espaço escolar, não se restringindo apenas às experiências da sala de aula.

SAUNDERS, J. A. Identity in Music: Adolescents and the Music Classroom. *Action, Criticism & Theory for Music Education,* [s.l.], v.9, n.2, p.70-8, set. 2010. Disponível em: <http://act.maydaygroup.org/articles/Saunders9_2.pdf>. Acesso em: 1° dez. 2010.

Este artigo discute a relação de estudantes ingleses entre 14 e 16 anos de idade com a música em seu cotidiano extraescolar e escolar. O autor revisa a literatura que aponta os desafios da educação musical escolar ante as preferências e comportamento musicais dos adolescentes e a música nos currículos. Os resultados de pesquisa indicaram "as maneiras com as quais os estudantes descreveram-se como músicos, suas experiências de aula de música, e a interação entre aquelas experiências e suas concepções de música".

SCHMELING, A. *Cantar com as mídias eletrônicas:* um estudo de caso com jovens. Porto Alegre, 2005. 168f. Dissertação (Mestrado em Música) – Instituto de Artes, Programa de Pós-Graduação em Música, Universidade Federal do Rio Grande do Sul. Disponível em: <http://FR.bibliotecadigital.ufrgs.br/da.php?nrb=000494371&loc=2005&l=e255d51d317fbf47>. Acesso em: 7 out. 2007.

Trata-se de trabalho investigativo dos processos de aprendizagem musical de cinco jovens de Porto Alegre (RS) que utilizam as mídias eletrônicas para suas práticas músico-vocais. Busca-se compreender quais as funções pedagógico-musicais exercidas pelas mídias (televisão, rádio, internet, CDs, DVDs etc.) diante da interação entre jovens e esses dispositivos. O estudo de caso foi empreendido por meio de entrevistas e observações realizadas nas residências dos jovens e/ou nas instituições escolares.

SCHMITT, M. A. *O rádio na formação musical:* um estudo sobre ideias e funções pedagógico-musicais do programa *Clube do Guri* (1950-1966). Porto Alegre, 2004. 173f. Dissertação (Mestrado em Música) – Instituto de Artes, Universidade Federal do Rio Grande do Sul. Disponível em: <http://www.bibliotecadigital.

ufrgs.br/da.php?nrb=000446897&loc=2005&l=7d12c26a87aacf16>. Acesso em: 7 out. 2007.

A dissertação discorre sobre a importância do programa de rádio *Clube do Guri* para a formação musical dos ouvintes e participantes. Com recursos do método de história oral, a pesquisa destaca a história desse programa de rádio abordando sua origem, locais de transmissão, os concursos e programas, a participação de crianças e adolescentes, bem como a concepção do programa, o repertório, a repercussão e a interface com a escola. De acordo com a autora, "o Clube do Guri configurou-se num espaço pedagógico-musical, no qual, as crianças e jovens, para poderem participar, tinham que realizar uma série de aprendizados".

SEBBEN, E. E. *Concepções e práticas de música na escola na visão de alunos de 8ª série do ensino fundamental:* as contradições entre o legal e o real. Ponta Grossa, 2009. 167f. Dissertação. (Mestrado em Educação) – Setor de Ciências Humanas, Letras e Artes, Programa de Pós-Graduação em Educação, Universidade Estadual de Ponta Grossa.

O autor estuda, na cidade de Ponta Grossa (PR), as concepções e práticas musicais de estudantes da 8ª série do ensino fundamental e as políticas para o ensino de Arte na rede municipal. Com isso visa "verificar em que medida [as políticas educacionais locais] respondem às demandas dos alunos a respeito do ensino de arte e música nas escolas". A investigação tem como base teórico-metodológica o materialismo histórico e dialético, e os dados foram levantados por meio de questionário.

SILVA, A. D. da. *Música no ensino médio:* possibilidade e caminhos na criatividade. Goiânia, 2004. 126f. Dissertação (Mestrado em Música) – Escola de Música e Artes Cênicas, Universidade Federal de Goiás.

O trabalho discute a ausência da música no sistema escolar básico. Foram comparados, por meio de estudo empírico, alunos que tiveram aula de música nas séries anteriores ao ensino médio com alunos que não tiveram. Com isso a autora busca evidências da importância do ensino musical na formação básica até a conclusão do ensino médio.

SILVA, H. L. da. *Sentidos de uma Pedagogia Musical na Escola Aberta:* um estudo de caso na Escola Aberta Chapéu do Sol, Porto Alegre, RS. Porto Alegre, 2009. 254f. Tese (Doutorado em Música) – Instituto de Artes, Universidade Federal do Rio Grande do Sul.
Este estudo de caso investiga os sentidos da pedagogia musical observada no programa Escola Aberta desenvolvido em uma unidade escolar da rede municipal de Porto Alegre. Os jovens participantes dos grupos de hip hop nesse contexto desvelaram "questões identitárias, polissêmicas e socializadoras". Já a concepção de pedagogia musical, por parte dos gestores e coordenadores do programa, reproduziu uma perspectiva "conteudista" da música.

SOUZA, J. (org.). *Aprender e ensinar música no cotidiano.* Porto Alegre: Sulina, 2008.
Trata-se da compilação de doze estudos realizados por diversos autores a partir de 2000 que, com base nas teorias do cotidiano, abordam a aprendizagem e ensino de música. A maior parte dos capítulos focaliza adolescentes e jovens no que diz respeito à autoaprendizagem musical, às novas tecnologias e às práticas musicais. Assim, celulares, mídias eletrônicas, aspectos da cultura hip hop, projetos sociais, relações intergeracionais e memórias musicais são temas contemplados.

SOUZA, J. (org.). *Música, cotidiano e educação*. Porto Alegre: Programa de Pós-Graduação em Música, IA, UFRGS, 2000.
O volume, baseado na perspectiva do cotidiano na educação musical, traz dois capítulos que focalizam, nessa abordagem, jovens e a aprendizagem musical na escola: "Música popular brasileira na escola" e "Construção de instrumentos musicais a partir de objetos do cotidiano".

SOUZA, J.; FIALHO, V. M.; ARALDI, J. *Hip hop*: da rua para a escola. Porto Alegre: Sulinas, 2005. 136p. (Coleção Músicas). Com CD.
O livro é resultado de duas pesquisas realizadas em Porto Alegre (RS), entre os anos de 2001 e 2004, e seus objetivos são divulgar a produção científica e apoiar professores de música e outros que trabalham com adolescentes e jovens estudantes do ensino fundamental e médio. Além de almejar "estabelecer contatos entre dois mundos: da rua e da escola", as autoras apontam que o livro poderá auxiliar professores em seu trabalho com o tema das relações étnico-raciais, tornado obrigatório, em 2003, pelo MEC na educação básica.

SOUZA, J. et al. Práticas de aprendizagem musical em três bandas de rock. *Revista Per Musi*, Belo Horizonte, v.7, p.68-75, 2003.
O presente artigo traz resultados obtidos em um projeto de pesquisa intitulado "Articulações de processos pedagógicos musicais em ambientes não escolares: estudo multicasos em Porto Alegre, RS". O objetivo é analisar as práticas musicais dos jovens e seus processos de ensino e aprendizagens formais e informais em ambientes escolares ou não escolares.

VÄKEVÄ, L. Garage Band or Garage Band®? Remixing Musical Futures. *British Journal of Music Education*, [s.l.], v.27, n.1, p.59-70, 2010.

Procedendo a uma análise crítica da presença da música popular nos currículos escolares restrita às práticas de bandas de rock, o artigo enfoca a necessidade de "considerar a pedagogia da música popular em termos mais amplos". A proposta é abarcar "vários modelos de habilidades artísticas digitais", tais como "sites de remix e comunidades virtuais de música". A justificativa para tal está na convicção de que "a presença global da cultura musical digital pode ser tomada como indicativo da necessidade de considerar música como uma práxis transformadora". Com isso, espera-se redefinição da pedagogia musical informal.

WILLE, R. B. *As vivências musicais formais, não formais e informais dos adolescentes:* três estudos de casos. Porto Alegre, 2003. 152f. Dissertação (Mestrado em Música) – Instituto de Artes, Universidade Federal do Rio Grande do Sul. Disponível em: <http://www.lume.ufrgs.br/bitstream/handle/10183/2424/000369554.pdf?sequence=1>. Acesso em: 17 set. 2006.

A autora investigou de que maneira os processos musicais formais se manifestam nas experiências musicais informais de adolescentes. A metodologia da pesquisa foi o estudo multicaso, com abordagem qualitativa, realizado com três adolescentes.

THE WORLD OF MUSIC. Journal of the Department of Ethnomusicology Otto- Friedrich University of Bamberg. *Gothic, Metal, Rap, and Rave – Youth Culture and its Educational Dimensions*, [s.l.], v.42, n.1, 2000.

Este número da revista *The World of Music*, na temática indicada, traz uma coletânea de artigos apresentados na conferência Gothic, Metal, Rap, and Rave: Youth

Subcultures and Their Cultural-Pedagogical Possibilities, ocorrida em 1999 na Universidade de Bamberg, Alemanha. Os vários textos tratam da "experiência músico-cultural da juventude contemporânea" a partir da etnomusicologia e educação musical, em uma perspectiva interdisciplinar.

Culturas musicais dos jovens[5]

As culturas musicais criadas pelos jovens, o que Feixa (2006) denomina como "música geracional", têm merecido a maior atenção de pesquisadores. Um mapeamento de 101 dissertações e teses produzidas entre 1996 e 2007 na temática "jovens e músicas" em programas de pós-graduação brasileiros de diversas áreas do conhecimento revelou que mais da metade desses títulos aborda as culturas do hip hop, do funk carioca, da *rave*, do rock, do manguebeat, do punk, da jovem guarda. (Arroyo, 2009b).

ABREU, C. de C. *Raves:* encontros e disputas. São Paulo, 2005. 168f. Dissertação (Mestrado em Antropologia Social) – Departamento de Antropologia, Programa de Pós-Graduação em Antropologia Social, Universidade de São Paulo. Disponível em: <http://www.teses.usp.br/teses/disponiveis/8/8134/tde-29052006-204338/>. Acesso em: 6 jul. 2007.

Pesquisa etnográfica empreendida em *raves* paulistanas cujo objetivo é "discutir as peculiaridades do modo de festejar *raves*", bem como averiguar como os jovens significam e ressignificam essas práticas. Outros contextos percorridos: eventos com música

5 Prefiro esse termo proposto por Laughey (2006) a "músicas geracionais", referido por Feixa (2006), porque entendo que todas as músicas são geracionais em dado momento.

eletrônica, *clubs* e bares de música eletrônica (SP) e galerias.

ALVES, L. C. *Flores no deserto:* a Legião Urbana em seu próprio tempo. Uberlândia, 2002. 150f. Dissertação (Mestrado em História) – Instituto de História, Universidade Federal de Uberlândia. Disponível em: <http://www1.capes.gov.br/teses/pt/2002_mest_ufu_luciano_carneiro_alves.pdf>. Acesso em: 14 out. 2006.

O trabalho analisa as músicas da banda Legião Urbana criadas entre 1985 e 1989, período no qual gravaram seus quatro primeiros discos. As análises são baseadas no pensamento de Antonio Candido, por meio do qual Alves identifica na poética de Renato Russo uma desilusão e desesperança quanto às possibilidades do futuro. O autor realça o contexto histórico do rock até os anos de 1980, aprofundando-se em questões relacionadas ao consumo e à rebeldia, analisando as canções da banda sob a luz do momento histórico e da cultura juvenil daquele período.

BARBOSA, P. O. *Rap e identidade social:* um estudo de caso. Brasília, 2005. 128f. Dissertação (Mestrado em Psicologia) – Programa de Pós-Graduação Stricto Sensu em Psicologia, Universidade Católica de Brasília. Disponível em: <http://www.bdtd.ucb.br/tede/tde_busca/arquivo.php?codArquivo=412>. Acesso em: 12 maio 2007.

O estudo de caso buscou "investigar a expressão da identidade social do jovem da periferia de Brasília, por meio do *Rap*". Sua finalidade foi compreender como os jovens da periferia da capital do país percebem o mundo por meio das letras de rap. O trabalho foi desenvolvido com um jovem *rapper* (35 anos), ex-aluno de instituição que atua junto a adolescentes "em situação de rua e risco social", líder de um grupo de rap da cidade de Ceilândia (DF). A autora baseou-se metodologicamente na análise do discurso, em entrevista semiestruturada e na observação participante.

BATISTA, R. A. *Funk, cultura e juventude carioca:* um estudo no morro da Mangueira. Niterói, 2005. 145f. Dissertação (Mestrado em Política Social) – Escola de Serviço Social, Universidade Federal Fluminense.
O trabalho estuda a influência do movimento funk na formação identitária e social dos jovens do bairro Morro da Mangueira, subúrbio do Rio de Janeiro. A autora faz uma abordagem história desse movimento cultural, articulando suas características ao conceito de identidade, de acordo com os estudos de Stuart Hall. Batista contextualiza o bairro e os sujeitos e, para isso, realiza uma pesquisa de campo e entrevista com jovens moradores da favela e frequentadores dos bailes funk. De acordo com as conclusões da autora, o funk é uma prática agregadora na qual os jovens constroem códigos culturais e encontram um meio de sociabilidade.

CARBALLO, P. Claves para entender las nuevas sensibilidades: estudios sobre producciones culturales juveniles en Costa Rica. *Revista Latinoamericana de Ciencias Sociales, Niñez y Juventud,* [s.l.], v.7, n.2, p.1331-37, 2009.
Neste texto, a autora procede a uma breve revisão bibliográfica da produção costa-riquenha sobre juventude em várias práticas culturais juvenis, tais como *graffiti*, cultura da rua, estética, futebol, baile e música.

CARBALLO, P. La música como practica significante en los colectivos juveniles. San José, Costa Rica. *Revista de Ciencias Sociales,* [s.l.], v.III-IV, n.113-4, p.169-76, 2006. Disponível em: <http://redalyc.uaemex.mx/

redalyc/src/inicio/ArtPdfRed.jsp?iCve=15311412& iCveNum=9921>. Acesso em: 10 out. 2010.

O objetivo deste artigo é "evidenciar a importância que tem [a música] como prática significante" para grupos juvenis ligados ao ska e ao reggae em bairros de San José, Costa Rica. A autora procede a uma genealogia desses gêneros musicais urbanos jamaicanos e descreve dados de sua inserção em campo.

CASTIBLANCO-LEMUS, G.; SERRANO-PIRAQUIVE, M. I.; SUAREZ-CRUZ, A. E. Culturas juveniles y trabajo social con jóvenes. *Tabula Rasa* [online], n.9, p.13-28, 2008. Disponível em: <http://www.scielo.org.co/pdf/tara/n9/n9a02.pdf>. Acesso em: 15 out. 2010

Este título traz os resultados da pesquisa de cunho etnográfico que buscou "observar o processo de construção de identidade juvenil através da abordagem de experiências e subjetividades em torno de experiências musicais" e relacionou esse aspecto com o trabalho social com jovens. Foram focalizados grupos de *hoppers* e *ravers* formados por jovens de Bogotá, Colômbia.

DAMASCENO, F. J. G. As cidades da juventude em Fortaleza. *Revista Brasileira de História*, São Paulo, v.27, n.53, p.215-242. 2007. Disponível em: <http://www.scielo.br>. Acesso em: 25 out. 2007.

O autor descreve as organizações e experiências musicais dos jovens em Fortaleza desde a década de 1950, quando as primeiras manifestações do rock na cidade foram registradas, executadas por grupos de bailes em clubes da elite. Nos anos 1970, o punk aparece em clubes da periferia, com a "emergência de novos atores sócio-históricos: os jovens pobres". Nos anos 1980 surge o hip hop. São característicos nesse período os "bailes mistos", onde diferentes gêneros musicais eram consumidos por diferentes grupos de jovens de acordo com suas preferências. Dessa experiência decorre a identidade de "iguais-diferentes", diferentes nos gostos, iguais na "oposição à sociedade excludente". Na análise dos dados, o autor "delineia as ideias de experiência musical e deslocamento geoestéticos na cidade de Fortaleza".

DAYRELL, J. *A música entra em cena:* o rap e o funk na socialização da juventude. Belo Horizonte: Editora da UFMG, 2005.
O livro é resultado da pesquisa de doutorado do autor, cujo objeto de estudo foram grupos musicais de jovens da periferia de Belo Horizonte. A dimensão educativa desses grupos é a motivação de Dayrell. Os resultados apontam as práticas musicais do rap e do funk como campos de autossocialização e de formação da "experiência da condição juvenil".

DAYRELL, J. O *Rap* e o *Funk* na socialização da juventude. *Educação e Pesquisa*, São Paulo, v.28, n.1, p.117-36, jan./jun. 2002. Disponível em: <http://www.scielo.br>. Acesso em: 14 nov. 2007.
O artigo discute a "importância dos grupos musicais nos processos de socialização vivenciados por jovens pobres na periferia de Belo Horizonte". A pesquisa teve como foco os integrantes de três grupos de rap e três duplas de funk. Foram analisadas as "experiências culturais e o sentido que tais práticas adquirem no conjunto dos processos sociais que os constituem como sujeitos". O autor conclui que o rap e o funk vieram dar sentido à vida de cada jovem.

DESVERITÉ, J.-R.; GREEN, A.-M. Le Rap comme pratique et moteur d'une trajectoire social. In:

GREEN, A.-M. (ed.). *Des jeunes et des musiques:* rock, rap, techno... Paris: L'Harmattan, 1997, p.169-213.
O estudo foi realizado na cidade de Beauvais, norte da França, com jovens estudantes entre 13 e 18 anos. Seu foco investigativo foi o percurso de uma trajetória social a partir da apreensão e prática do rap.

DOMINGOS, M. J. *(...) Muitos porteiros e pessoas normais:* sobre as bandas de rock em Brasília em perspectiva identitária (1982-1990). Brasília, 2005. 162f. Dissertação (Mestrado em História) – Departamento de História, Universidade de Brasília.
Pesquisa desenvolvida na cidade de Brasília tendo como objeto de estudo o rock. O autor rastreia as condições sócio-históricas e culturais desse gênero musical, buscando discutir o rock como "vetor de uma identidade brasiliense".

ETHNOLOGIE. *Musiques des Jeunes*: entre nous et le monde, des avenirs, v.22, n.1, 2000. Disponível em: <http://www.celat.ulaval.ca/acef/221a.htm>. Acesso em: 1º maio 2004.
Trata-se de edição especial dessa revista canadense bilíngue (francês e inglês) que apresenta o resultado final de pesquisa que estudou "a expressão da identidade no contexto da globalização". Nesse recorte, "a música dos jovens contém fontes ricas de recursos sociais, culturais e de identidade". Os artigos focalizam dados empíricos de diversos países: Canadá, França, Bélgica, Bulgária, Rússia e Nigéria.

FEIXA, C. *De jóvenes, bandas y tribus*. 3.ed. Barcelona: Ariel, 2006.
Esta publicação tornou-se um clássico nos estudos das culturas juvenis. A descrição etnografia centrada em dois jovens punk, um de Leida, Catalunha, Espanha;

outro de Neza York, México, é precedida por três capítulos que revisam: a noção de juventude em diferentes períodos da sociedade ocidental; os grupos juvenis estudados desde a Escola de Chicago; e o conceito de culturas juvenis. Essa terceira edição atualiza dados empíricos daqueles jovens relativos aos dez anos que a separam da primeira edição.

FELIX, J. B. de J. *Hip hop:* cultura e política no contexto paulistano. São Paulo, 2005. 206f. Dissertação (Mestrado em Antropologia Social) – Programa de Pós-Graduação em Antropologia Social, Universidade de São Paulo. Disponível em: <http://www.teses.usp.br/teses/disponiveis/8/8134/tde-01052006-181824/pt-br.php>. Acesso em: 15 out. 2007.

O trabalho de campo foi realizado com três grupos de São Paulo ligados ao movimento hip hop – Núcleo Cultural Força Ativa, Aliança Negra e Conceitos de Rua. Buscou-se compreender o estilo musical gangsta rap (letras sobre violência, tráfico de drogas, marginalização social e desprezo à mulher) por meio de entrevistas e participações em eventos dos grupos. A pesquisa objetivou entender as diversas maneiras que os grupos têm de compreender o movimento hip hop aliado aos conceitos de cultura e política. O autor faz um balanço sobre os trabalhos acadêmicos relacionados ao tema e também um panorama histórico do hip hop nos Estados Unidos e no Brasil.

FERREIRA, T. M. X. *Hip hop e educação:* mesma linguagem, múltiplas falas. Campinas, 2005. 110f. Dissertação (Mestrado em Educação) – Faculdade de Educação, Universidade Estadual de Campinas. Disponível em: <http://libdigi.unicamp.br/document/?code=vtls000374250>. Acesso em: 26 jan. 2007.

Com base em dados levantados em entrevistas coletivas semiestruturadas com jovens da cidade de Campinas e técnica de vídeo, a autora buscou identificar as características do movimento hip hop da cidade de Campinas (SP). Recorrendo a discussão de questões relacionadas à política, identidade cultural, sociedade, violência, lazer, educação e cultura juvenil, Ferreira aborda os conflitos e ambiguidades que permeiam o movimento hip hop, como também as relações tecidas entre o hip hop e a educação.

FONTANARI, I. P. de P. *Rave à margem do Guaíba:* música e identidade jovem na cena eletrônica de Porto Alegre. Porto Alegre, 2003. 180f. Dissertação (Mestrado em Antropologia Social) – Instituto de Filosofia e Ciências Humanas, Universidade Federal do Rio Grande do Sul. Disponível em: <http://www.bibliotecadigital.ufrgs.br/da.php?nrb=000403210&loc=2004&l=da848007ca267bd3>. Acesso em: 17 set. 2006. Este estudo procura compreender a relação entre a criação, difusão e circulação da música eletrônica e da cultura *rave* por meio de uma pesquisa etnográfica com dois grupos distintos de jovens entre 17 e 30 anos da classe média da cidade de Porto Alegre. São entrevistados frequentadores das *raves*, produtores musicais e DJs. Este trabalho tem como linha de investigação a antropologia das práticas culturais da juventude, fundamentando-se nos estudos de Mary Bucholtz e também em discussão proposta por Mary Douglas.

GRECCO, A. da C. e S. *Racionais Mc's:* música, mídia e crítica social em São Paulo. São Paulo, 2007. 226f. Dissertação (Mestrado em História) – Pontifícia Universidade Católica de São Paulo. Disponível em: <http://www.sapientia.pucsp.br/tde_busca/arquivo.php?codArquivo=5426>. Acesso em: 15 mar. 2008.

Esta dissertação trata da constituição do grupo de rap Racionais MC's buscando compreender a relação entre rap e a cidade de São Paulo a partir da relação entre música e história.

GROPPO, L. A. *O Rock e a formação do mercado cultural juvenil*: a participação da música pop-rock na transformação da juventude em mercado consumidor de produtos culturais, destacando o caso do Brasil e os anos 80. Campinas, 1996. 313f. Dissertação (Mestrado em Sociologia) – Instituto de Filosofia e Ciências Humanas, Universidade Estadual de Campinas.
Pesquisa bibliográfica que traça um histórico do rock nos Estados Unidos, na Inglaterra e no Brasil. Aborda esse gênero e a criação e desenvolvimento do mercado juvenil.

GUEDES, M. da S. *"A música que toca é nós que manda"*: um estudo do "proibidão". Rio de Janeiro, 2007. 135f. Dissertação (Mestrado em Psicologia) – Pontifícia Universidade Católica do Rio de Janeiro. Disponível em: <http://www2.dbd.puc-rio.br/pergamum/biblioteca/php/mostrateses.php?open=1&arqtese=0510400_07_Indice.html>. Acesso em: 22 set. 2008.
O autor concentrou-se nas letras do "proibidão" do Morro dos Macacos (RJ), onde conseguiu, por meio de um morador da comunidade, um CD do "proibidão" de produção caseira que faz a diversão dos jovens locais.

HERSCHMANN, M. (org.). *Abalando os anos 90:* funk e hip hop, globalização,violência e estilo cultural. Rio de Janeiro: Rocco, 1997.
Esta coletânea de textos nacionais e estrangeiros concentra-se nas manifestações das culturas juvenis

urbanas, especificamente o funk e o hip hop. Em um momento em que os estudos sobre a interação músicas e juventudes iniciava-se no Brasil, este livro procurou, nas palavras de seu organizador, "repensar as articulações entre Estado, sociedade e indústria cultural" nos anos 1990. Uma das questões norteadoras diz respeito ao "papel da música nesta dinâmica cultural". Há relatos e reflexões sobre o hip hop norte-americano, sobre grupos cariocas e baianos de funk, *hip hoppers* cariocas e fortalezenses e estudo comparativo entre grupos juvenis do México, Estados Unidos e Brasil.

HERSCHMANN, M. *O funk e o hip hop invadem a cena*. 2.ed. Rio de Janeiro: Editora UFRJ, 2005.

Interessado em compreender a violência urbana crescente no Brasil no início da década de 1990 e a representação dessa violência associada às manifestações juvenis, Herschmann focaliza neste livro o funk e o hip hop na cidade do Rio de Janeiro, prática "em que se verifica a presença de um referencial significativo de violência", sob a perspectiva da mídia e da sociedade em geral. Sua análise dessas culturas juvenis cariocas procura superar esse ponto de vista e indicar implicações sociopolíticas dos gêneros.

JIMENEZ, B. G. Identidad sociomusical de los jóvenes aymara: la música sound. *Ultima Década*, Valparaíso, n.27, p.11-25, dez. 2007. Disponível em: <http://www.scielo.cl/pdf/udecada/v15n27/art02.pdf>. Acesso em: 22 jul. 2010.

A música *sound* é um gênero criado por jovens aymaras que migraram do campo para as cidades do Peru, da Bolívia e do Chile. Essa música desvela uma identidade "mestiça" – construída entre a tradição andina e a modernidade urbana.

LIMA, M. P. J. de S. *A atual crise social e os jovens da Região Metropolitana de São Paulo:* desemprego, violência e hip hop. Campinas, 2006. 192f. Dissertação (Mestrado em Economia) – Instituto de Economia, Programa de Pós-Graduação em desenvolvimento Econômico, Universidade Estadual de Campinas. Disponível em: <http://libdigi.unicamp.br/document/?code=vtls000410144>. Acesso em: 22 set. 2008.

O contexto social crítico do Brasil motivou a pesquisa que, por meio do foco no hip hop, mostra a visão dos jovens sobre suas posições sociais, discriminação, falta de emprego, oportunidades para quem vive na periferia, desestruturação familiar, violência, entre outros. Os recursos metodológicos utilizados foram a análise das letras das músicas do hip hop e os dados sócio-ocupacionais do IBGE. A autora fundamentou-se teoricamente na abordagem de desenvolvimento econômico excludente de 1990, na crise do Estado e no papel da política macroeconômica.

LODI, C. A. *Manifestações culturais juvenis:* "o hip hop está com a palavra". Rio de Janeiro, 2005. 155f. Dissertação (Mestrado em Psicologia Clínica) – Programa de Pós-Graduação em Psicologia Clínica, Pontifícia Universidade Católica do Rio de Janeiro. Disponível em: <http://www2.dbd.puc-rio.br/pergamum/biblioteca/php/mostrateses.php?arqtese=0311004_05_Indice.html>. Acesso em: 17 maio 2008.

O estudo deu-se com jovens de uma instituição escolar de classe popular do Rio de Janeiro que oferecia "atendimento psicoterapêutico de base psicanalítica" por necessidade e ideia dos pais e da escola, visando melhor compreender a realidade juvenil e sua ligação com a violência e as drogas. Por meio do hip hop praticado por esses jovens, a pesquisa discute o que essa cultural juvenil pode dizer à Psicologia Clínica.

LUZ, L. C. X. *Vozes de rappers:* experiências juvenis em Teresina. São Paulo, 2007. 157f. Tese (Doutorado em Serviço Social) – Pontifícia Universidade Católica de São Paulo. Disponível em: <http://www.sapientia.pucsp.br/tde_busca/arquivo.php?codArquivo=4860>. Acesso em: 12 ago. 2008.
O trabalho foi realizado a partir de análises da história de vida de oito jovens *rappers* (quatro homens e quatro mulheres) da cidade de Teresina (PI). A autora apoiou-se no campo social, a fim de resgatar e investigar suas experiências cotidianas na família, nos espaços sociais, no lazer, no grupo de amigos e no convívio com a violência. Luz também analisa os significados que estão inerentes nas práticas juvenis "a partir da entrada no movimento *hip hop*", buscando compreender as experiências/relações vividas pelos jovens *rappers* e, consequentemente, suas ressignificações prático-culturais.

MARKAMN, R. S. *La juventud y el simbolismo de la música manguebeat:* valores y postmodernidad. Bellaterra, Cataluña, 2002. Tese (Programa de Doctorat em Periodisme i Ciéncies de La Comunicació) – Universitat Autonoma de Barcelona.
A autora se propõe a refletir sobre "a influência das mensagens musicais na audiência juvenil" a partir de seu estudo sobre a "música *Manguebeat*", criada por jovens nos anos 1990, na cidade de Recife (PE). Sua meta é compreender o significado dessa música para parte da juventude recifense. Mais especificamente, busca "detectar que padrão de valores está contido nas ideias divulgadas pelas canções *mangue* e como

repercute este modelo no imaginário juvenil". O desenho metodológico mescla recursos quantitativos e qualitativos e se vale da análise de conteúdo das letras das "canções mangue" e de questionário aplicado a noventa jovens de ambos os sexos, com idades entre 15 e 29 anos.

MARTINS, G. V. *De conflitos e adolescência:* análise do sujeito em letras de música de Renato Russo. São Paulo, 2000. 100f. Dissertação (Mestrado em Língua Portuguesa) – Pontifícia Universidade Católica de São Paulo.
O trabalho estuda três letras de músicas compostas por Renato Russo (banda Legião Urbana) em períodos distintos. O intuito é "verificar quais os elementos linguísticos e semânticos das letras que permitiram a grande identificação do público jovem, em especial nas décadas de 1980 e 1990; identificar que contexto e figura de adolescente tais elementos criam; e, examinar se há mudanças na criação dessa figura e contexto no período de 1985 a 1996". Por meio da perspectiva da semiótica discursiva, e tendo como referência os estudos de Dominique Maingueneau, Martins aponta que "a criação do ídolo pode ter sido consequência da mensagem", que trata de temáticas do mundo adolescente, como relacionamentos amorosos, a difícil passagem da adolescência, questões políticas, rejeição a normas sociais e proposta de novo modelo de comportamento.

MEDEIROS, P. T. C. de. A brasa da Jovem Guarda ainda arde? *Revista de História e Estudos Sociais*, [s.l.], v.1, n.5, jan.-fev.-mar, 2008. Disponível em: <www.revistafenix.pro.br>. Acesso em: 5 fev. 2010.
Entendido como composto de "rebeldia-e-conservadorismo", esse gênero musical dos anos 1960,

consumido por jovens suburbanos dessa década, é analisado em seu desgaste e permanência.

MIZRAHY, M. *Figurino funk:* uma etnografia sobre roupa, corpo e dança em uma festa carioca. Rio de Janeiro, 2006. 149f. Dissertação (Mestrado em Sociologia) – Instituto de Filosofia e Ciências Sociais, Programa de Pós-Graduação em Sociologia e Antropologia, Universidade Federal do Rio de Janeiro. Disponível em: <http://fenix2.ufrj.br:8991/F/NI4HDXL72MJSYM2C5642A-XUMMQ4JAMQFQLX42MT7AG77P7RML6--01187?func=full-set-set&set_number=649655&set_entry=000001&format=999>. Acesso em: 2 out. 2008.
A pesquisa focaliza o discurso dos frequentadores de bailes funk no que diz respeito à vestimenta e adornos utilizados. Mizrahy aborda musicalmente os estilos hip hop, "funk clássico", funk proibido e o suingue (pagode romântico).

MOLIERE, E. La musique techno comme fête musicale. In: GREEN, A.-M. (ed.). *Des jeunes et des musiques:* rock, rap, techno... Paris: L'Harmattan, 1997, p.217-58.
Este estudo sobre *rave* foi realizado com base na concepção de música como "fato social", de acordo com Mauss, e no pensamento socioantropológico de P. Bouvier.

MORENO, R. C. *As mutações de experiência militante:* um estudo a partir do movimento hip hop de Campinas, São Paulo. Campinas, 2007. 166f. Dissertação (Mestrado em Educação) – Faculdade de Educação, Universidade Estadual de Campinas. Disponível em: <http://libdigi.unicamp.br/document/?code=vtls000416623>. Acesso em: 12 abr. 2008.
Baseado teoricamente em Bourdieu, especificamente nas categorias de socialização e campo, o trabalho foi

realizado com um grupo de quatorze jovens *rappers* negros que estiveram à frente da construção da Casa do Hip Hop em Campinas (SP). Buscou-se na pesquisa entender a "origem da militância política" desses jovens por meio de sua adesão ao rap.

PAIS, J. M.; BLASS, L. M. da S. *Tribos urbanas:* produção artística e identidades. São Paulo: Annablume, 2004.
O livro traz estudos sobre *tribos urbanas* realizados por sociólogos e antropólogos brasileiros e portugueses. Exceto dois, todos os outros seis capítulos abordam culturas musicais: bandas musicais, punk, manguebeat, hip hop e escola de samba.

PEREIRA, A. S. *Somos expressão, não subversão!:* a gurizada punk em Porto Alegre. Porto Alegre, 2006. 167f. Dissertação (Mestrado em Educação) – Faculdade de Educação, Programa de Pós-Graduação em Educação, Universidade Federal do Rio Grande do Sul. Disponível em: <http://www.lume.ufrgs.br/handle/10183/8590>. Acesso em: 12 ago. 2008.
A pesquisa tem por objetivo discutir as diversas formas pelas quais os jovens punks de Porto Alegre significam suas práticas culturais, seja por meio da ocupação dos espaços sociais, das vestimentas, das *gigs* – momentos de encontro com sua própria música – ou da linguagem. Desta forma, a autora analisa a construção de uma cultura punk-juvenil por meio dessas experiências cotidianas. Os recursos metodológicos utilizados foram diários de campo, conversas transcritas, textos de fanzines, imagens e análises, apoiando-se em um referencial teórico baseado nos Estudos Culturais e na etnografia pós-moderna.

RIBEIRO, G. *Do tédio ao caos, do caos à lama:* os primeiros capítulos da cena musical mangue. Recife –

1984/1991. Uberlândia, 2007. 232f. Dissertação (Mestrado em História e Cultura) – Instituto de História, Universidade Federal de Uberlândia. Disponível em: <http://www.bdtd.ufu.br/tde_busca/arquivo.php?codArquivo=932>. Acesso em: 15 out. 2008.

Este trabalho investigou historicamente a formação e a trajetória do grupo de jovens que na década de 1980 instaurou o que nos anos 1990 foi identificado como cena mangue ou manguebeat. Com foco nas bandas Mundo Livre S/A, Bom Tom Rádio e no programa de rádio *Décadas*, os dados foram coletados por meio de registros dos shows, ensaios, entrevistas, gravações caseiras, programas de rádio, relatos, análises de documentos musicais e entrevistas.

RIMMER, M. Listening to the Monkey: Class, Youth and the Formation of a Musical Habitus. *Ethnography*, [s.l.], v.11, n.2, p.256-83, 2010.

O artigo relata o resultado da tese de doutorado do autor, que se vale de um estudo etnográfico de práticas musicais de jovens frequentadores de um centro para a juventude em um bairro industrial decadente na cidade inglesa de Newcastle. O bairro enfrenta desemprego, pesado uso de drogas, violência e insatisfação dos jovens. Esse centro é frequentado fora do horário escolar e objetiva promover atividades para a autoestima dos jovens, entre outros aspectos. A prática da música em contextos como esse é referida pelo autor como *Community Music*. O objetivo da pesquisa foi compreender "como os projetos musicais funcionam e se e como beneficiam os jovens que deles participam". A categoria interpretativa central é *habitus musical*, adaptação do conceito bourdiano, mas o autor recorre também aos fornecimentos do material sonoro segundo Tia DeNora e Antoine Hennion e de significados delineados de acordo com Lucy Green. As práticas musicais em questão referem-se à preferência dos jovens por um tipo de *rave* denominada *new monkey-music*, "uma mistura de *tecno music, acid house* e *dance music* acompanhados de rimas ao vivo feitas por mais de um MC".

ROTTA, D. C. *O hip hop (en)cena:* problemática do corpo, da cultura e da formação. Campinas, 2006. 115f. Dissertação (Mestrado em Educação) – Faculdade de Educação, Universidade Estadual de Campinas. Disponível em: <http://libdigi.unicamp.br/document/?code=vtls000382633>. Acesso em: 20 maio 2007.

A pesquisa investiga as produções culturais juvenis urbanas por meio da compreensão da formação de dois grupos de rap da periferia de Pelotas (RS). Por meio da investigação etnográfica, com observação participante, resgate de memórias e pesquisa de campo, procura-se investigar a "emergência da prática cultural/corporal constituinte de uma forma de *sociabilidade* que acompanha esses jovens de periferia". Baseando-se nos estudos de Foucault, Certeau, Barthes e Lang, o autor discute no texto aspectos da relação do corpo no movimento hip hop, a cultura hip hop como um todo, e faz uma descrição dos grupos de rap pesquisados, discutindo também a educação não formal, a juventude no cenário contemporâneo, profissionalização e reinserção social.

SARMENTO, L. V. de M. *Ticket to Ride:* as tensões entre consumo e contracultura nas letras de música dos Beatles. Rio de Janeiro, 2006. 145f. Dissertação (Mestrado em Comunicação Social) – Departamento de Comunicação Social, Pontifícia Universidade Católica do Rio de Janeiro. Disponível em: <http://www.dbd.puc- rio.br/pergamum/biblioteca/index.

php?word=SARMENTO,%20Luciana%20Villela%20de%20Moraes>. Acesso em: 24 abr. 2011.
O presente trabalho tem por objetivo detalhar as "tensões entre consumo e contracultura" que foram impulsionados pelos jovens da década de 1960 que estavam em oposição aos princípios da sociedade capitalista da época. Desta forma, as letras das músicas dos Beatles foram analisadas para melhor compreender esses conflitos.

SILVA, A. L. da. *Música rap:* narrativa dos jovens da periferia de Teresina. São Paulo, 2006. 290f. Dissertação (Mestrado em Antropologia) – Faculdade de Comunicação e Filosofia, Pontifícia Universidade Católica de São Paulo. Disponível em: <http://www.sapientia.pucsp.br/tde_busca/arquivo.php?codArquivo=3316>. Acesso em: 12 mar. 2008.
A dissertação analisa a música rap como elemento narrativo dos jovens da periferia da cidade de Teresina (PI), tendo como base as teorias sobre "memória" e "narrativa" de W. Benjamin. O estudo utilizou-se da metodologia de história oral como forma de identificar os diferentes momentos históricos pelos quais passaram os jovens estudados, bem como identificar os espaços de sociabilidade juvenil e suas implicações na construção das identidades étnicas.

SILVA, E. L. *Música, juventude, comportamento:* nos embalos do Rock'n'Roll e da Jovem Guarda (Uberlândia, 1955-1968). Uberlândia, 2007. 130f. Dissertação (Mestrado em História) – Programa de Pós-Graduação em História, Universidade Federal de Uberlândia. Disponível em: <http://www.bdtd.ufu.br/tde_busca/arquivo.php?codArquivo=1095>. Acesso em: 27 abr. 2008.

Essa investigação discute a relação música e juventude a partir do rock e da Jovem Guarda, com foco em Uberlândia (MG). Participam desse enfoque a "penetração [dos gêneros] no meio radiofônico" da cidade, a crítica a eles na imprensa escrita local e o patrulhamento aos jovens que a eles aderiram.

SILVA, R. L. e. *Lógica identitária e paradigma preventivo:* o hip hop e a construção da periferia como problema social. Porto Alegre, 2006. 80f. Dissertação (Mestrado em Psicologia) – Instituto de Psicologia, Programa de Pós-Graduação em Psicologia Social e Institucional, Universidade Federal do Rio Grande do Sul. Disponível em: <http://www.bibliotecadigital.ufrgs.br/da.php?nrb=000598745&loc=2007&l=71d6380de31a2ccc>. Acesso em: 12 ago. 2007.

A partir do hip hop o autor analisa a "lógica identitária e o paradigma preventivo que caracterizam os modos de subjetivação contemporâneos, baseados na segregação, no confinamento, na insegurança e no medo". Além disso, aborda o processo de urbanização e os "movimentos contraculturais" desde a década de 1960, explicando a utilização do termo "periferia" e sua relação com o hip hop. Silva problematiza o modo com que esse estilo musical vem sendo tratado pela mídia, pelas abordagens acadêmicas e pelos integrantes jovens do movimento.

SIQUEIRA, C. T. de. *Construção de saberes, criação de fazeres:* educação de jovens no hip hop de São Carlos. São Carlos, 2004. 134f. Dissertação (Mestrado em Educação) – Centro de Educação e Ciências Humanas, Universidade Federal de São Carlos. Disponível em: <http://www.bdtd.ufscar.br/tde_busca/arquivo.php?codArquivo=909>. Acesso em: 24 nov. 2006.

Objetiva-se aqui compreender e sistematizar os processos educativos presentes nas práticas cotidianas dos jovens da periferia da cidade de São Carlos (SP). Para isso são discutidos aspectos históricos e característicos do movimento hip hop – tanto de modo geral quanto na referida cidade. Tomando como base diversos estudos sobre a educação e tendo como metodologia o trabalho de campo, observações e entrevistas com quatro jovens entre 22 e 24 anos de idade, o autor realça as peculiaridades da educação dos jovens no hip hop. Segundo Siqueira, a pesquisa busca instigar a reflexão acerca da educação que está presente nas práticas sociais em espaços não escolares.

STOPPA, E. A. *"Tá ligado mano":* o hip hop como lazer e resgate da cidadania. Campinas, 2005. 143f. Tese (Doutorado em Educação Física) – Programa de Pós-Graduação da Faculdade de Educação Física, Universidade Estadual de Campinas. Disponível em: <http://libdigi.unicamp.br/document/?code=vtls000377188>. Acesso em: 5 fev. 2008.
O estudo de caso buscou analisar a organização dos grupos de hip hop com fins às suas ações vinculadas ao lazer e à inserção social na comunidade. O campo empírico é a Organização dos Novos Quilombos (Onquio, Guarulhos – SP).

TELLA, M. A. P. *Atitude, arte, cultura, autoconhecimento:* rap como voz da periferia. São Paulo, 2000. 229f. Dissertação (Mestrado em Ciências Sociais) – Pontifícia Universidade Católica de São Paulo.
O trabalho analisa as letras de três grupos de rap da cidade de São Paulo. Utilizando-se de referenciais teóricos como Ianni, Ortiz, Morin e outros, o autor apresenta a história da música afro-americana abordando do jazz, a soul music, o reggae e o rap; o papel da tecnologia e dos meios de comunicação; a história

do rap paulistano; e destaca grupos como Racionais MC's, Thaíde e DJ Hum e DMN.

TOMASELLO, F. *Oficinas rap para adolescentes:* propostas metodológicas de intervenção psicossocial em contexto de privação de liberdade. Brasília, 2006. 201f. Dissertação (Mestrado em Psicologia) – Instituto de Psicologia, Departamento de Psicologia Clínica, Universidade de Brasília. Disponível em: <http://bdtd.bce.unb.br/tedesimplificado/tde_busca/arquivo.php?codArquivo=1801>. Acesso em: 14 mar. 2008.
O estudo foi desenvolvido com três adolescentes autores de ato infracional cumprindo "medida socioeducativa de internação" no Distrito Federal. Tem como objetivo "verificar a utilidade desse estilo musical [rap] enquanto instrumento de expressão da realidade psicossocial" e excludente vivida pelos adolescentes.

VELEZ QUINTERO, A. Construcción de subjetividad en jóvenes raperos y raperas: más allá de la experiencia mediática. *Revista Latinoamericana de Ciencias Sociales, Niñez y Juventud,* [s.l.], v.7, n.1, p.289-320, 2009. Disponível em: <http://www.scielo.org.co/pdf/rlcs/v7n1/v7n1a12.pdf>. Acesso em: 15 out. 2010.
O artigo relata pesquisa realizada entre 2002 e 2003 na cidade de Cali, Colômbia, com jovens *rappers,* rapazes e moças, moradores em bairros populares. A investigação, que levantou dados a partir de documentos, trabalho etnográfico e entrevistas, abordou a experiência desses *rappers* articulada com outras dimensões de suas vidas, tais como família, escola, bairro e cidade.

Outros subtemas

Estão reunidos neste agrupamento textos que visam refletir acerca de enfoques pontuais na interação de jovens com as músicas: a experiência da escuta, jovens negros, gênero, religião, profissionalização, tradições musicais e tecnologias digitais. Os que se concentram na experiência da escuta de música merecem atenção em razão de ser essa experiência musical a mais recorrente entre os jovens (Behne, 1997; North; Hargreaves; O'Neil, 2000). Os estudos direcionados aos jovens negros interessam pelo aprofundamento das questões étnicas. Os que tratam de gênero – em sua maioria, o das jovens – chamam a atenção devido à escassez de investigação nesse recorte, haja vista a ênfase dada aos rapazes nos estudos da juventude (Feixa, 2006; Weller, 2005). Pouca produção também existe nos subtemas "religião" e "profissionalização". A literatura que se ocupa do que denominei "tradições musicais", em contraponto às "músicas geracionais" (Feixa, 2006), aborda jovens praticando e recriando gêneros musicais criados pelas gerações passadas. A escassez de estudos aqui constitui uma lacuna a ser superada, e os argumento defendidos no primeiro capítulo a favor de se considerar a interação dos jovens com as várias culturas musicais, e não apenas as criadas por eles, esperam chamar a atenção para esse subtema. Os poucos textos que tratam da tecnologia digital na mediação da interação de jovens e músicas apontam a urgência de mais pesquisa, dado o impacto desse dispositivo nas práticas musicais contemporâneas, principalmente das/dos jovens.

Experiência da escuta de música

BEHNE, K.-E. The Development of "Musikerleben" in adolescence: How and Why Young People Listen to Music. In: DELIÈGE, I.; SLOBODA, J. (orgs.). *Perception and Cognition of Music*. East Sussex: Psychology Press, 1997, p.143-59.

Este capítulo expõe sobre a pesquisa realizada na década de 1990 com jovens alemães sobre suas experiências musicais identificadas como *musikerleben*. Esse termo refere-se à "soma de processos psíquicos que acompanham a experiência musical em situações quando a música é o foco de interesse: quando as pessoas não estão apenas ouvindo, mas escutando e apreciando música". Trata-se, segundo Behne, de uma experiência qualitativamente diferente daquilo que na literatura inglesa é denominado *musical appreciation* ou *musical experience*. O autor critica as "ideias normativas" que guiaram os estudos sobre *musikerleben* desde os anos 1930, defendendo os diferentes modos de escuta e usos da música.

BOAL-PALHEIROS, G. Funções e modos de ouvir música de crianças e adolescentes, em diferentes contextos. In: ILARI, B. S. (org.). *Em busca da mente musical:* ensaios sobre os processos cognitivos em música – da percepção à produção. Curitiba: Editora UFPR, 2006, p.303-49.

A escuta de música por crianças e adolescentes é abordada, com maior atenção ao primeiro agrupamento. Da escuta de música por adolescentes, traz revisão bibliográfica sucinta.

BOAL PALHEIROS, G. Funciones y modos de oír música de niños y adolescentes, en distintos contextos. *Revista de Psicodidáctica*, [s.l.], n.17, p.1-15, 2004. Disponível em: <http://redalyc.uaemex.mx/redalyc/pdf/175/17501702.pdf>. Acesso em: 10 jan. 2010.

O texto descreve os resultados de pesquisa sobre a escuta de música por dois grupos etários diferentes:

crianças de 9 e 10 anos e adolescentes de 13 e 14 anos. Tratam-se de 120 estudantes britânicos e portugueses com os quais foi realizada entrevista com questões abertas sobre a escuta de música em seus afazeres diários, seja em casa, seja na escola. O relato dos resultados não permite identificar o que foi levantado especificamente a partir das respostas dos adolescentes, pois a autora trata todos os sujeitos da pesquisa pelo termo "criança".

BOAL-PALHEIROS, G. M.; HARGREAVES, D. J. Listening to Music at Home and at School. *British Journal of Music Education*, [s.l.], v.18, n.2, p.103-18, 2001.

O artigo apresenta estudos sobre as "diferenças entre as funções de ouvir música em casa e na escola" de sessenta sujeitos: trinta crianças de 9 e 10 anos e trinta adolescentes de 13 e 14 anos, estudantes de escolas inglesas e portuguesas. A escuta de música em casa e na escola aponta diferentes funções e varia de acordo com os dois grupos de idade. Os autores indicam as implicações desses resultados para a compreensão da "impopularidade da música na escola".

Jovens negros

ANDRADE, E. N. de. *Movimento negro juvenil:* um estudo de caso sobre jovens rappers de São Bernardo do Campo. São Paulo, 1996. 317f. Dissertação (Mestrado em Educação) – Faculdade de Educação, Universidade de São Paulo.

Trata-se de um estudo de caso com *rappers* que integram o grupo Posse Hausa, na cidade de São Bernardo do Campo (SP). O intuito é entender a relação dos jovens com o movimento hip hop. A autora contextualiza esse movimento, aborda os conceitos de movimento social, movimento juvenil, identidade étnica e identidade cultural, enfatizando a questão da cidadania no processo educativo dos movimentos sociais. Andrade discute a ação do grupo de *rappers* com os jovens negros na cidade paulista.

ANDRADE, E. N. (org.). *Rap e educação; Rap é educação*. São Paulo: Summus; Selo Negro, 1999.

O livro reúne textos de pesquisadores e educadores que focalizam a "juventude negra" da cidade de São Paulo e região metropolitana nas suas expressões sociais, políticas e artísticas presentes no rap. Ele está organizado em duas partes, sendo que a primeira traz estudos acadêmicos, e a segunda, relatos de experiências pedagógicas. A relação "juventude negra" e música é discutida em subtemáticas tais como "música como instrumento de luta da população negra" e "música marginal". Já o rap na escola é tratado como "incentivo pedagógico" e integração de "culturas particulares".

AZEVEDO, A. M. *No ritmo do RAP:* música, cotidiano e sociabilidade negra – São Paulo, 1980-1997. São Paulo, 2000. 198f. Dissertação (Mestrado em História), Pontifícia Universidade Católica de São Paulo.

O trabalho pesquisa o rap como forma de sociabilidade de jovens negros da cidade de São Paulo entre os anos 1980 e 1990. Por meio da metodologia de história oral e bibliográfica, e tendo como fundamentação teórica os trabalhos de Andrade, Guimarães, Gomes Damaceno e Gomes da Silva, o autor discute "as práticas e os papéis sociais assumidos pelos músicos, no espaço das ruas", a música enquanto lazer e sociabilidade, assim como analisa o processo de composição do rap, focando seu olhar nas letras das músicas.

CONTADOR, A. C. A música e o processo de identificação dos jovens negros portugueses. *Sociologia*, [s.l.], n.36, p.109-20, set. 2001. Disponível em: <http://www.scielo.oces.mctes.pt/scielo.php?script=sci_arttext&pid=S0873-65292001000200006&lng=pt&nrm=iso>. Acesso em: 5 nov. 2010.

Baseado nas relações entre música e processo de identificação e na discussão da "metáfora do *walkman*" – "banda sonora de bolso" e "*soundscape*" – "espaço da comunidade de consumidores no seu todo" [...], o autor trabalha sob a perspectiva de que a "música [...] é a chave para entender os contornos do processo de identificação". É nesse cenário conceitual que o autor discute a relação entre prática musical ("consumo/experiência") e o processo de identificação de jovens negros portugueses.

LIMA A. Funkeiros, timbaleiros e pagodeiros: notas sobre juventude e música negra na cidade de Salvador. *Cadernos CEDES*, Campinas, v.22, n.57, p.77-96, ago. 2002. Disponível em: <http://cedes.unicampo.br>. Acesso em: 5 jun. 2006.

Lima discute sobre a juventude negra e música, mais especificamente "a música em seu aspecto racialista como configuradora de sentido para uma ideia de juventude negra em Salvador". Os jovens observados são moradores da cidade de Salvador, frequentam contextos musicais diversificados, são de baixa renda e com baixo grau de escolaridade.

MACEDO, M. Baladas black e rodas de samba da terra da garoa. In: MAGNANI, J. G. C.; SOUZA, B. M. de (orgs.). *Jovens na metrópole:* etnografias de circuitos de lazer, encontro e sociabilidade. São Paulo: Terceiro Nome, 2007, p.189-224.

Este capítulo aborda rodas de samba e bailes *black* praticados na região central de São Paulo com o intuito de discutir, a partir desse "circuito *black*" os espaços de sociabilidade e de lazer específicos de jovens "afro-paulistanos".

SANTOS, R. A. M. *O estilo que ninguém segura:* mano é mano! Boy é boy! Boy é mano? Mano é mano? Reflexão crítica sobre os processos de sociabilidade entre o público juvenil na cidade de São Paulo na identificação com a musicalidade do rap nacional. São Paulo, 2002. 271f. Dissertação (Mestrado em Ciências da Comunicação) – Escola de Comunicação e Artes, Universidade de São Paulo.

A autora faz uma reflexão crítica a respeito dos processos de sociabilidade entre os jovens da cidade de São Paulo e sua identificação com o gênero rap. Por meio da metodologia exploratória, de caráter qualitativo, Santos apresenta a construção do rap enquanto identidade juvenil no Brasil. Para a autora, por meio da análise das expressões juvenis é possível fazer "uma espécie de autoconhecimento da diáspora negra e da questão racial no Brasil [...]".

SILVA, J. C. G da. *Rap na cidade de São Paulo:* música, etnicidade e experiência urbana. Campinas, 1998. 285f. Tese (Doutorado em Ciências Sociais) – Instituto de Filosofia e Ciências Humanas, Universidade Estadual de Campinas.

O texto concentra discussão na análise de discos de rap produzidos no período de 1986 a 1996 como meio para compreender a experiência juvenil na cidade de São Paulo na década de 1990. São consideradas questões relacionadas à cultura juvenil do rap nessa cidade, música e etnicidade, música e identidade juvenil, a juventude urbana e o mercado fonográfico na década de 1990. Segundo o autor, "o estudo da música mostrou-se importante no sentido de acessarmos o ponto de vista juvenil sobre os problemas estruturais que os atingem diretamente".

Gênero

No conjunto dessa produção sobre jovens e músicas, interessa a observação de Carles Feixa relativa à distinção de gênero na construção das juventudes. Interessa porque "[...] ascender à vida adulta nunca significou o mesmo para homens e mulheres, e para os que se inscrevem em um 'terceiro sexo'". Segundo o antropólogo:

> De fato, a transição juvenil é essencialmente um processo de identificação com um determinado gênero, ainda que se tenha confundido essa condição com a emancipação familiar, econômica e ideológica que historicamente tem privilegiado quase exclusivamente aos rapazes (e ainda os pertencentes a determinados estratos sociais). Isso explica porque, até recentemente, as imagens sociais predominantes da juventude estão associadas inconscientemente a imagens da juventude masculina. (Feixa, 2006, p.29)

CARVALHO, J. B. S. de. *A constituição de identidades, representações e violência de gêneros nas letras de rap (São Paulo na década de 1990)*. São Paulo, 2006. 199f. Dissertação (Mestrado em História Social) – Pontifícia Universidade Católica de São Paulo. Disponível em: <http://www.sapientia.pucsp.br/tde_busca/arquivo.php?codArquivo=3516>. Acesso em: 12 jun. 2007.
Este trabalho analisou as representações de gênero nas letras de rap dos Racionais MC's com o objetivo de entender como se deu a construção social de

masculinidade e feminilidade nessa expressão musical. Questões relativas à masculinidade e violência, as representações femininas nas letras de rap e a identidade das mulheres *rappers* são pontuadas. De acordo com o autor, "o *rap* foi criado como voz e resposta para os que, até então, não tinham espaço para serem vistos e ouvidos". A partir da análise das letras pode-se observar que as referências do cotidiano dos jovens produtores e consumidores de rap, na década de 1990 da cidade de São Paulo, relacionadas ao gênero, fundamentavam-se em estereótipos sociais que nem sempre podiam ser observados no dia a dia, fato que começou a ser modificado com a inserção das mulheres nesse contexto.

GREEN, L. *Music, Gender, and Education*. Cambridge: Cambridge University Press, 1997.
A relação entre identidade de gênero, música e educação musical é o tema deste livro, resultado de pesquisa realizada pela autora em escolas secundárias da Inglaterra. A primeira parte da publicação centra-se no domínio conceitual da investigação, com destaque para teorias do significado musical vinculado à construção da identidade de gênero. A segunda parte busca identificar aspectos dessas teorias em ação no contexto de educação musical formal empreendida com adolescentes. O estudo revela a reprodução de padrões de gênero nas escolas por intermédio da música.

MAGRO, V. M. de M. *Meninas do graffiti:* educação, adolescência, identidade e gênero nas culturas juvenis contemporâneas. Campinas, 2003. 208f. Tese (Doutorado em Educação) – Faculdade de Educação, Universidade Estadual de Campinas. Disponível em: <http://libdigi.unicamp.br/document/?code=vtls000343995>. Acesso em: 18 abr. 2007.

A pesquisa busca "compreender a experiência de identidades de meninas *grafiteiras* em seu cotidiano e analisar as questões de identidade na adolescência e suas implicações em práticas educativas em uma cultura juvenil contemporânea de periferia". O estudo foi realizado com quatro grupos de adolescentes e jovens (de 13 a 18 anos, no total de 21) alunos de uma escola da Região Metropolitana de Campinas, de cor negra e branca, classe média e de ambos os sexos. Os recursos metodológicos utilizados foram entrevistas, participação em eventos, visitas a praças, lojas e bares que são pontos de encontro desses jovens, audição de CDs de rap, *graffitis* fotografados e visitas a sites da internet.

MARTÍ, J. *Ser hombre o ser mujer a través de la música:* una encuesta a jóvenes de Barcelon. *Horizontes Antropológicos*, ano 5, n.11, p.29-51, 1999.
Com base na perspectiva da música como "fenômeno sociocultural", a pesquisa tipo *survey* foi realizada com jovens estudantes de ambos os sexos e com idades entre 19 e 23 anos. Os resultados evidenciaram os usos da música na construção e manutenção da identidade de gênero.

SILVA, H. L. da. *Música no espaço escolar e a construção da identidade de gênero:* um estudo de caso. Porto Alegre, 2000. 197f. Dissertação (Mestrado em Música) – Instituto de Artes, Universidade Federal do Rio Grande do Sul.
A pesquisa pretende compreender, por meio de um estudo de caso, como a identidade de gênero se manifesta nas aulas de música no espaço escolar, entrevistando e observando adolescentes da 8ª série do Colégio Aplicação da cidade de Porto Alegre.

WELLER, W. A. A presença feminina nas (sub)culturas juvenis: a arte de se tornar visível. *Estudos feministas*,

Florianópolis, v.1, n.13, p.107-216, jan.-abr. 2005. Disponível em: <http://www.scielo.br>. Acesso em: 14 nov. 2007.

O artigo discute a participação feminina nas (sub) culturas juvenis. Weller questiona a falta de pesquisas sobre jovens mulheres, menciona a participação de adolescentes do sexo feminino no movimento hip hop e sua luta pela conquista de espaço e reconhecimento nesse movimento cultural dominado pelos rapazes. Cita participações femininas em outras manifestações culturais, como galeras e gangues.

Religião

JUNGBLUT, A. L. A salvação pelo rock: sobre a "cena *underground*" dos jovens evangélicos no Brasil. *Religião e Sociedade*, Rio de Janeiro, v.27, n.2, p.144-62, dez. 2007. Disponível em: <http://www.scielo.br/pdf/rs/v27n2/v27n2a07.pdf>. Acesso em: 15 out. 2010.

O autor inicia pontuando as transformações que vêm operando no contexto da Igreja Evangélica nos últimos anos, onde a música participa dessas mudanças junto a outras dimensões, como mídias, marketing, internet etc. No âmbito de "um movimento cultural evangélico direcionado para a juventude" – o comportamento dos jovens e seus valores estéticos –, o autor discute "os problemas identitários" e a "utilização do *rock* (o chamado '*rock gospel*') entre jovens evangélicos". Dos vários subgrupos do rock gospel, Jungblut concentra-se no "*white metal*" (heavy metal evangélico) ou "*christin metal*" ou "*unblack metal*" ou metal cristão'.

RUMSTAIN, A. A balada do senhor. In: MAGNANI, J. G. C.; SOUZA, B. M. de (orgs.). *Jovens na metrópole:*

etnografias de circuitos de lazer, encontro e sociabilidade. São Paulo: Editora Terceiro Nome, 2007, p.135-49.

Esse estudo concentra-se em um "circuito de sociabilidade jovem" na cidade de São Paulo, particularizado pelo movimento gospel, que na música indica a prática de diferentes gêneros musicais – "heavy metal, samba, pagode, reggae etc." – voltados para a fé evangélica ou católica.

SOUZA, C. Z. V. G. de. *No tecer da vida, a juventude; no tecer da juventude, a vida:* práticas educativas de jovens de Santo Antônio da Patrulha, em grupos de música e religião. Porto Alegre, 2003. 191f. Dissertação (Mestrado em Educação) – Faculdade de Educação, Universidade Federal do Rio Grande do Sul. Disponível em: <http://www.bibliotecadigital.ufrgs.br/da.php?nrb=000395869&loc=2003&l=434b43ac200bfecc>. Acesso em: 25 maio 2007.

Os processos educativos dos jovens como meio para analisar as experiências juvenis em relação à escola, à família e ao trabalho são estudados nessa dissertação. Para tanto, foram realizadas observações, pesquisa de campo e entrevistas com quatro jovens, de 22 a 25 anos, da cidade de Santo Antônio da Patrulha (RS). Dois deles faziam parte de uma banda de hardcore, e os outros, do grupo da Pastoral da Juventude. Tomando como referencial teórico os estudos de Sposito e Melucci, a autora aborda a juventude e suas diversas relações, destacando também a convivência com os grupos.

Profissionalização

NASCIMENTO, A. E. do. *Fazer arte entre jovens:* escolha, formação e exercício profissional. São Paulo, 2005. 196f. Tese (Doutorado em Ciências

Sociais) – Faculdade de Ciências Sociais, Pontifícia Universidade Católica de São Paulo. Disponível em: <http://www.sapientia.pucsp.br/tde_busca/arquivo.php?codArquivo=1351>. Acesso em: 13 jul. 2008.
O estudo investiga como o fazer artístico de alguns jovens tornam-se sua profissão, tendo como questão norteadora da pesquisa "em que medida as mudanças no chamado mundo do trabalho se relacionam com as escolhas profissionais dos jovens?". Esta tese seguiu como referencial teórico os estudos de Becker e, como metodologia de pesquisa, entrevistas pré-estruturadas com dez jovens de 19 a 28 anos de idade que atuavam nas mais diversas formas artísticas (música, teatro, designer etc.) e que estavam no início de suas carreiras profissionais. O autor discutiu aspectos das práticas de trabalho e emprego, abordando também a pluralidade da condição juvenil, os processos de socialização e a escolha profissional, a formação profissional e as múltiplas dimensões do fazer artístico.

O'NEIL, S. A. The Self-identity of Young Musicians. In: MAcDONALD, R.; HARGREAVES, D.; MIELL, D. (eds.). *Musical Identities*. Oxford: Oxford University Press, 2002, p.79-96.
Sustentada pelo construtivismo social, a autora descreve duas pesquisas empreendidas com jovens musicistas. Uma investigou os discursos de adolescentes do sexo feminino, entre 17 e 18 anos; outra, graduandas de curso de música. Em ambas o foco foi o que é ser músico para essas jovens.

Tradições musicais

ARANTES, L. F. *"Tem gente ali que estuda música para a vida!"*: um estudo de caso sobre jovens que musicam no projeto social Orquestra Jovem de Uberlândia. Uberlândia, 2011. 244f. Dissertação (Mestrado em Artes) – Instituto de Artes da Universidade Federal de Uberlândia.

Este estudo de caso, academicamente situado nos Estudos da Juventude e na abordagem sociocultural da Educação Musical, propôs "conhecer como as práticas musicais vivenciadas por jovens do projeto social Orquestra Jovem de Uberlândia (MG) incidem sobre a constituição de sua condição juvenil". Esse contexto, que poderia ser tratado como de tradição da música de concerto, mostrou-se bem mais complexo. O "circuito" desses jovens (Magnani), tanto pelos espaços caracterizados pela prática da música de concerto quanto por outros onde diferentes músicas são vivenciadas, indicou uma participação decisiva das práticas musicas nas quais os jovens da orquestra estavam envolvidos, com dimensões de suas condições juvenis, como família, escola e trabalho.

IWASAKI, C. Jovens instrumentistas: o improviso de todo dia e de toda noite. In: MAGNANI, J. G. C.; SOUZA, B. M. de (orgs.). *Jovens na metrópole:* etnografias de circuitos de lazer, encontro e sociabilidade. São Paulo: Terceiro Nome, 2007, p.167-88.

Esta etnografia constatou a presença de diversas concepções de gostos e de preferências musicais, bem como diferentes modos de tocar entre jovens instrumentistas na cidade de São Paulo. Jazz e "música brasileira" são alguns dos gêneros que esses sujeitos praticam. O objetivo da pesquisa foi "delinear o estilo de vida" desses jovens instrumentistas, incluindo "suas regras de sociabilidade", com vistas a apontar a relação entre essa prática musical e aspectos da cidade de São Paulo.

Tecnologia digital

CASTRO, G. G. da S. Música, juventude e tecnologia: novas práticas de consumo na cibercultura. *Logos 26:* Comunicação e Conflitos Urbanos, [s.l.], v.14, n.1, p.58-69, 2007.

O artigo aborda as novas práticas de consumo de músicas pelos jovens efetuadas na cibercultura. A autora traça um breve histórico da constituição dessas práticas, citando as várias tecnologias que rapidamente se sucedem: das "Redes P2P (*peer to peer* ou par a par) e a Napster até os telefones celulares, iPods e *podcastings*".

WANG, J. Youth Culture, Music and Cell Phone Branding in China. *Global Media and Communication*, [s.l.], v.1, n.2, p.185-201, 2005. Disponível em: <http://gmc.sagepub.com/content/1/2.toc>. Acesso em: 5 abr. 2009.

O artigo discute a relação entre música, cultura juvenil e tecnologia celular no contexto de uma cultura juvenil consumidora emergente.

WEBB, M. Music Analysis Down the (You) Tube? Exploring the Potential of Cross-media Listening for the Music Classroom. *British Journal of Music Education*, [s.l.], v.24, n.2, p.147-64, 2007.

O texto está baseado em pesquisa proposta para "identificar um repertório" de vídeos musicais (trechos de filmes, trailers, comerciais de tevê, clipes etc.), analisando-os para uso em sala de aula. O pressuposto de tal investigação é a experiência visual da música que os estudantes têm no seu cotidiano, principalmente por meio do YouTube. Do repertório selecionado (anexado), são descritos e analisados quatro exemplos. Nesses domínios, a música é vivenciada por meio de vários canais: auditivo, visual, espacial e sinestésico.

Finalizando

Compreender, portanto, o juvenil como fenômeno cultural, sociológico e comunicativo é quase uma impossibilidade acadêmica e uma ousadia sociológica. Além disso, o fato de estarem sempre em fluxo, em outro lugar, caracteriza a inexistência de um único modo de ser jovem; e expressa as muitas formas sociais e culturais juvenis. A frustração do pesquisador é constatar que, logo após sua compreensão, surgem novos modos de ser jovem. E a análise realizada supera-se demandando novas tentativas. Sempre se rebelando, escapando, incompreensíveis. O inacreditável é que existem estudiosos persistentes e obstinados, mas, sobretudo imaginativos, que intentam compreendê-los.

(Rincón, 2009, p.242)

Referências bibliográficas

ABRAMO, H. W. *Cenas Juvenis; punks e darks no espetáculo urbano*. São Paulo: Escrituras, 1994.

______. Condição juvenil no Brasil contemporâneo. In: ABRAMO, H. W.; BRANCO, P. P. M. (orgs.). *Retratos da juventude brasileira*: análises de uma pesquisa nacional. São Paulo: Editora Fundação Perseu Abramo, 2008, p.37-72.

ANDRADE, E. N. (org.). *Rap e educação; Rap é educação*. São Paulo: Summus; Selo Negro, 1999.

ARANTES, L. F. *"Tem gente ali que estuda música para a vida!"*: um estudo de caso sobre jovens que musicam no projeto social Orquestra Jovem de Uberlândia. Uberlândia, 2011. 244f. Dissertação (Mestrado em Artes) – Instituto de Artes, Universidade Federal de Uberlândia, 2011.

ARAÚJO, L. M. S. Música, sociabilidades e identidades juvenis: o manguebit no Recife (PE). In: PAIS, J. M.; BLASS, L. M. S. (coords.). *Tribos urbanas:* produção artística e identidades. São Paulo: Annablume, 2004, p.103-26.

ARROYO, M. *Representações sociais sobre práticas de ensino e aprendizagem musical:* um estudo etnográfico entre congadeiros, professores e estudantes. Porto Alegre, 1999. Tese (Doutorado em Música) – IA/PPG-Música, Universidade Federal do Rio Grande do Sul. Disponível em: <http://hdl.handle.net/10183/15025>. Acesso em: 12 maio 2009.

______. Música na Floresta do Lobo. *Revista da ABEM*, Porto Alegre, n.13, p.17-27, set. 2005.

______. Jovens, aprendizagem musical e novas práticas musicais. Congresso da ANPPOM, *Anais*... Curitiba, 2009. Curitiba: Anppom, 2009a, p.81-84.

______. Juventudes, música e escolas: análise de pesquisas e indicações para a educação musical. *Revista da ABEM*, Porto Alegre, n.21, p.53-66, 2009b.

______. Jovens, músicas e percursos investigativos. *ArtCultura*, Uberlândia, v.12, n.20, p.21-35, jan./jun. 2010.

BAACHE, D. (Ed.). *Handbuch Jugend und Musik*. Hemsbach: Leske+Budrich, Opladen, 1998.

BEHNE, K.-E. The Development of "Musikerleben" in Adolescence: How and Why Young People Listen to Music. In: DELIÈGE, I.; SLOBODA, J. (orgs.). *Perception and Cognition of Music*. East Sussex: Psychology Press, 1997, p.143-59.

BLACKING, J. *How Musical is Man?* Seattle: University of Washington Press, 1973.

______. The Biology of Music-making. In: MYERS, H. (ed.). *Ethnomusicology*: an Introduction. Nova Iorque: Macmillan Press, 1992, p.301-14.

CARDOSO, R; SAMPAIO, H. *Bibliografia sobre a juventude*. São Paulo: Edusp, 1995.

CORTI, A. P.; SOUZA, R. *Diálogo com o mundo juvenil*: subsídios para educadores. São Paulo: Ação Educativa, 2004.

DAYRELL, J. *A música entra em cena:* o rap e o funk na socialização da juventude. Belo Horizonte: Editora da UFMG, 2005.

DeNORA, T. *Music in Everyday Life*. Cambridge: Cambridge University Press, 2000.

FEIXA, C. *De jóvenes, bandas y tribus*. 3.ed. Barcelona: Ariel, 2006.

FINNEGAN, R. Por qué estudiar la música? Reflexiones de una antropóloga desde el campo. *Revista Transcultural de Música*, Barcelona, n.6 2002. Disponível em <http://www.sibetrans.com/trans/>. Acesso em: 10 set. 2005.

FREITAS, M. V. (org.). *Juventude e adolescência no Brasil*: referenciais conceituais. São Paulo: Ação Educativa, 2005.

FRITH, S. *Sociología del Rock*. Madrid: Ediciones Jucar, 1980.

______. *Sounds Effects*: Youth, Leisure, and the Politics of Rock. Nova Iorque: Pantheon Books, 1981.

GASPERONI, G.; MARCON, L.; SANTORO, M.. *La musica e gli adolescenti*: pratiche, gusti, educazione. Turino: EDT, 2004.

GENE, M.; LÓPEZ CANO, R. *Observatorio de prácticas musicales emergentes*. Disponível em: <http://observatorio--musica.blogspot.com/>. Acesso em: 2 mar. 2009.

GREEN, A.-M. Les comportements musicaux des adolescents. *Inharmonique Musiques, Identité*, Paris, v.2, p.88-102, 1987.

______. (ed.). *Des jeunes et des musiques*: rock, rap, techno... Paris: L'Harmattan, 1997.

HEBDIGE, D. *Subculture*: the Meaning of Style. Londres: Routledge, 1979

HERSCHMANN, M. (org.). *Abalando os anos 90*: funk e hip hop, globalização,violência e estilo cultural. Rio de Janeiro: Rocco, 1997.

______. *O funk e o hip hop invadem a cena*. 2.ed. Rio de Janeiro: Editora da UFRJ, 2005.

HIKIJI, R. S. G. *A música e o risco*. São Paulo: Edusp; Fapesp, 2006.

IWASAKI, C. Jovens instrumentistas: o improviso de todo dia e de toda noite. In: MAGNANI, J. G. C; SOUZA, B. M. (org.). *Jovens na metrópole*: etnografias de circuitos de lazer, encontros e sociabilidade. São Paulo: Terceiro Nome, 2007, p.169-88.

JAGODZINSKI, J. *Music in Youth Culture*: a Lacanian Approach. Nova Iorque: Palgrave Macmillan, 2005.

JANZEN, T. B. Adolescentes-jovens-música: compreendendo essa relação a partir de um levantamento bibliográfico na área da educação musical. *Horizontes Científicos*, [s.l.], v.1, n.1, 2007. Disponível em: <http://www.seer.ufu.br/index.php/horizontecientifico/article/view/3861/2866>. Acesso em: 12 abr. 2010.

JANZEN, T., B.; NASCIMENTO, T. V.; ARROYO, M.; *Juventudes e músicas*: catalogação de dissertações e teses

– 1996-2007. Uberlândia: UFU; Nemus, 2008. Disponível em: <http://www.demac.ufu.br/nemus/publicacao2.pdf>. Acesso em: 12 abr. 2010.

KACHAI, M.; VOLTOLINI, A. F. *Serafina*. Folha de São Paulo, fev. 2011.

LAUGHEY, D. *Music & Youth Culture*. Edinburgh: Edinburgh University Press, 2006.

MAFFESOLLI, M. *O tempo das tribos:* o declínio do individualismo nas sociedades de massa. Rio de Janeiro: Forense Universitária, 2006. [1987]

MAGNANI, J. G. Introdução – circuitos de jovens. In: MAGNANI, J. G.; SOUZA, B. M. *Jovens na metrópole*: etnografias de circuitos de lazer, encontros e sociabilidades. São Paulo: Terceiro Nome, 2007, p.15-22.

______; SOUZA, B. M. *Jovens na metrópole*: etnografias de circuitos de lazer, encontros e sociabilidades. São Paulo: Terceiro Nome, 2007.

MARÍN, M.; MUÑOZ, G. *Secretos mutantes*: música y creación en las culturas juveniles. Bogotá: Universidad Central – DIUC; Siglo del Hombre Editores, 2002.

MARTÍ, J. Ser hombre o ser mujer a través de la música: una encuesta a jóvenes de Barcelona. *Horizontes Antropológicos*, [s.l.], n.11, p.29-51, out. 1999.

McCARTHY, C. et al. (eds.). *Sound Identities*: Popular Music and the Cultural Politics of Educational. Nova Iorque: Peter Lang, 1999.

MIDDLETON, R. *Studying Popular Music*. Milton Keynes: Open University Press, 1990.

NORTH, A. C.; HARGREAVES, D. J.; O'NEIL, S. A. The Importance of Music to Adolescents. *British Journal of Educational Psychology*, [s.l.], v.70, p.255-72, 2000.

NOVAES, R. Nada será como antes: notícias das juventudes sul-americanas. *Observatório da cidadania*, [s.l.], p.99, 2007. Disponível em <http://www.inesc.org.br/biblioteca/publicacoes/outras-publicacoes/social-watch-2007/Social%20Watch%20%202007%20nada%20-%20Regina%20Novaes.pdf>. Acesso em: 14 mar. 2010.

PAIS, J. M. *Culturas juvenis*. Lisboa: Imprensa Nacional; Casa da Moeda, 1993.

______. Introdução. In:______; BLASS, L. M. D. (coords.). *Tribos urbanas:* produção artística e identidade. São Paulo: Annablume, 2004, p.9-22.

______; BLASS, L. M. D. (coords.). *Tribos urbanas:* produção artística e identidade. São Paulo: Annablume, 2004.

RABAIOLI, I. *Práticas musicais extraescolares de adolescentes:* um survey com estudantes de Ensino Médio da cidade de Londrina (PR). Porto Alegre, 2002. 145f. Dissertação (Mestrado em Música) – Instituto de Artes, Universidade Federal do Rio Grande do Sul. Disponível em: <http://www.biblioteca.ufrgs.br/bibliotecadigital/2003-1/tese--art-0377784.pdf>Acesso em: 5 mar 2006.

RIBEIRO, G. *Do tédio ao caos, do caos à lama:* os primeiros capítulos da cena musical mangue. Recife, 1984-1991. Uberlândia, 2007. 232f. Dissertação (Mestrado em História e Cultura) – Instituto de História, Universidade Federal de Uberlândia. Disponível em: <http://www.bdtd.ufu.br/tde_busca/arquivo.php?codArquivo=932>. Acesso em: 15 out. 2008.

RICHARDS, C. *Teen Spirits:* Music and Identity in Media Education. Londres: UCL Press, 1998.

RINCÓN. O. Para compreendê-los, temos que criá-los: jovens, cultura e comunicação. *Matrizes*, USP, n.1, p.241-6, ago.--dez. 2009.

SAVAGE, J. *A criação da juventude:* como o conceito *teenage* revolucionou o século XX. Rio de Janeiro: Rocco, 2009.

SHEPHERD, J.; WICKE, P. *Music and Cultural Theory*. Cambridge: Polit Press, 1997.

SMALL, C. *Musicking:* the Meanings of Performing and Listening. Middletown, Connecticut: Weslan University Press, 1998.

SOUZA, J.; FIALHO, V. M.; ARALDI, J. *Hip hop:* da rua para a escola. Porto Alegre: Sulinas, 2005. 136p. (Coleção Músicas). Com CD.

SOUZA, R. M. de. *Escola e juventude*: o aprender a aprender. São Paulo: Educ; Paulus; Fapesp, 2003.

SPOSITO, M. P. (coord.). *Juventude e escolarização (1980-1998)*. Brasília: MEC; Inep; Comped, 2002. 201p. (Série Estado do Conhecimento, n.7). Disponível em: <http://www.publicacoes.inep.gov.br/arquivos/juventude_escolarizacao_n7_151.pdf>. Acesso em: 8 ago. 2005.

______. Transversalidades no estudo sobre jovens no Brasil: educação, ação coletiva e cultura. *Educação e Pesquisa*, São Paulo, v.36, número especial, p.95-106, 2010.

TURINO, T. *Music as Social Life*: the Politics of Participation. Chicago: The University of Chicago Press, 2008.

URRESTI, M. Cambio de escenarios sociales, experiencia juvenil urbana y escuela. (Parte I – Adolescencia y juventud: dos categorías construidas socialmente. In: TENTI FANFANI, E. (org.). *Una escuela para los adolescentes*: reflexiones y valoraciones. Buenos Aires: Editorial Losada; Unicef, 2000, p.17-28.

VIANNA, H. *O mundo funk carioca*. Rio de Janeiro: Jorge Zahar, 1988.

WELLER, W. A. A presença feminina nas (sub)culturas juvenis: a arte de se tornar visível. *Estudos feministas*, Florianópolis, v.1, n.13, p.107-216, jan.-abr. 2005. Disponível em: <http://www.scielo.br>. Acesso em: 14 nov. 2007.

SOBRE O LIVRO

Formato: 12 x 21 cm
Mancha: 20,4 x 42,5 paicas
Tipologia: Horley Old Style 10,5/14
Papel: Offset 75 g/m² (miolo)
Cartão Supremo 250 g/m² (capa)
1ª edição: 2013

EQUIPE DE REALIZAÇÃO

Coordenação Geral
Marcos Keith Takahashi

Impressão e Acabamento:

psi7

Printing Solutions & Internet 7 S.A